山のABC

山の安全管理術

木元康晴

ヤマケイ新書

山の安全管理術　目次

第4章　救助要請とその後

●カバー&フォーマットデザイン
尾崎行欧デザイン事務所
●DTP
千秋社
●医療監修（第3章）
千島康稔
●編集
小林千穂
西村 健（山と溪谷社）
●写真
中村英史
菅原孝司
小関信平
木元康晴
小林千穂
●イラスト
村林タカノブ
●校正
後藤厚子

第1章

誰もが遭遇する山での危険

山にリスクはつきまとう——登山は安全管理するからこそ楽しめる

経験を積むごとに変化した山への恐怖心

登山は楽しい。美しい自然景観のなかに身を置くのは爽快だし、頂上に立てば達成感が味わえる。歩行を中心とした適度な運動は体にもよいし、日常を離れることでストレス発散にもなる。

その一方で、登山は環境の整えられた日常生活の場からは離れたフィールドで行なう。途中でアクシデントが生じた場合、解決できないと遭難することになってしまう。「遭難」というと、なにかニュースのなかの出来事のような、縁遠いものに感じられるかもしれないが、そんなことはない。アクシデントから遭難へ結びつく流れは、実は登山者のすぐ間近に潜んでいるのだ。

私が登山を始めたのは、1987年の秋からだ。もう30年以上になるが、その間の遭難や安全に対する意識は、経験を積み重ねるごとに少しずつ変化してきた。

登山を始めたばかりの頃は、すぐに遭難しそうで不安で仕方がなかった。いつ道に迷うか、どこで落ちるかとビクビクしてばかり。当時のことを思い出すと、楽しさはあまりなくて、山におびえる気持ちのほうが強かったような気がする。

その後、ロッククライミングと雪山登山に強い憧れを抱くようになった。独学で技術を身につけるのは不可能と考えて山岳会に入会。最初のうちは、山よりも恐ろしく思える先輩たちに叱られてばかりの苦しい日々が続いた。しかし2年が経過し、技術と体力が身につくと、考え方はガラリと変わった。山が怖くなくなったのだ。遭難ということは、いっさい意識しなかったのがこの頃だ。

ところが、その後間もなく、身近な友人や知人の遭難が相次ぐようになった。富士山、伯耆大山《ほうきだいせん》、甲斐駒《かいこま》ヶ岳などで、親しい人たちが命を落としていった。

そして自分自身も、山で危ない思いをすることが次第に増えてきた。特に思い出すのは、1999年に登った、奥秩父の和名倉山《わなくらやま》での出来事だ。山頂に近い平坦な森のなかを歩いていて、同じ場所をグルグル回るリングワンデルングに陥ってしまったのだ。早く気付いてその状況を脱することはできたが、気味のわるい体験だった。もっと確実な安全管理を考えないと、いつかは山で遭難するかもしれないとの思いが、自分のなかに芽生えるきっかけになった。経験を積むことで失っていた山を恐れる思いを、さらに多くの経験を積み重ねることで、再び感じるようになったのだ。

おそらく私と同様にほかの登山者も山が怖い時期、あまり怖さを感じない時期、そしてやはり怖いと再認識する時期と、経験の蓄積度合いによって感じ方が変わるのではないだろうか？　ただし、本当にシビアな場面に遭遇しなければ、山の怖さは軽く感じがちだ。私も和名倉山では、命の危険までは感じなかった。この時点では、まだまだ本当の山の怖さは知らなかったのだ。

自分自身の遭難を教訓にする

登山中にトラブルが発生しても、その場で対処して自力下山をすれば遭難にはならない。たとえ骨折などのケガを負っても、単なる事故扱いだ。遭難とは、自力で下山できなくなって救助要請をし、警察などの救助隊によって救助されることをいう。そして、私も一度だけ、遭難を起こしてしまった。2008年のゴールデンウィーク、場所は北アルプスの前穂高岳《まえほたかだけ》だった。

その日は岳沢《だけざわ》を出発し、南稜を登って奥穂高岳に登頂。さらに吊《つり》尾根を縦走して、前穂高岳にも立った。そこからは残雪期の下山路として一般的な、奥明神沢《おくみょうじん》をめざした。そのとき、小さな岩峰の通過時に踏み込んだ雪面が崩落。そのまま一緒に30m下の雪面に転落し、続けて滑落が始まった。軟らかい雪に手こずったものの、何とか滑落停止を行なって体を止めたと思ったら、今度は自分の滑落が原因で雪崩が発生。しかし規模は小さくて、半身が埋まったのみで雪崩は止まった。

本書で主に取り扱うのは無雪期の山なので、事故についての詳細は省くが、転落の原因は判断の誤りだったといえる。このときは結局、転落時に岩にぶつかったことで肋骨が折れ、その断面が肺に穴を開けて血気胸という症状になっていた。呼吸困難な状態になっていて自力下山はできず、長野県警に救助要請を出したため、完全な遭難だった。

それまで、自分が遭難するということは、可能性はゼロではないが、現実的なものとして想定をしていなかった。それが実際に起きてしまったのだ。苦しい呼吸に耐えながら、救助のヘリコプターを待つ間には、なぜもっと慎重な判断ができなかったのか、ほかに選べる安全な選択肢はなかったのか、そもそもプランニングに無理はなかったのかと、頭の中で後悔の思いが渦巻いていた。

この体験は、私にとっては非常に大きな教訓となった。まずなによりも、登山者の誰もが遭難とは無縁ではないことを痛感した。そしてほんの小さな判断ミスであっても、それが致命的になることも身をもって知った。本当の山の怖さの一端を、感じとったのだ。

私はこれまで、数多くの登山者と接してきたが、安全に対する意識は人によってさまざまだ。山でのケガや道迷いを極端に恐れる人がいる一方で、慎重に行動すれば、そうそう事故に遭うものではないと言いきる人もいる。また、自分は危ない登山はやらないから、遭難することは考えられないと言う人もいる。

必要以上に山を怖れる必要はないが、だからといって、自分が遭難しないと思うのは危険だ。登る回数が増えると、予期しない事態に遭遇する確率はどうしても増える。また、気をつけていたとしても、慣れからくる油断や慢心が生じるものだ。さらに最近は、予測の困難な局地的な豪雨や落雷、突風の発生率が高まっている。クマなどの野生動物も増加傾向だ。さらに、登山者の年齢が上がるほど、転倒や病気といった遭難件数が増えている。長く登山を続けていれば、遭難、もしくは致命的なアクシデントに遭遇することは、約束されているといってもいいくらいだ。

実践的な山の安全管理術

山でのアクシデントは完全には回避できないが、知識をもち、事前に準備をし、的確に行動することで、遭遇する確率を大きく下げていくことは可能だ。私の現在の仕事は登山ガイドで、絶対に遭難を起こしてはならない立場にある。日々、ガイドとして実際の山で活動するなかで、危険回避や安全管理について考えること、実践することは多い。本書ではそういった一連の、私が行なっている安全管理の技術について記していく。

まず大切なのは、遭難の傾向について知ることだ。これは第1章の後半、次ページ以降に掲載した。ベースとしているのは、警察庁が毎年6月に発表する前年度の山岳遭難の概況で、ここでは直近10年間のものを比較して傾向を考えた。

第2章は、具体的な山の安全管理方法について記した。まずは山岳遭難の概況に記される、主な遭難の原因について、その発生状況と対処法とを解説。それに続けて総括的な安全管理の方法を記した。ここに示した登山情報の入手法、プランニング、準備、そして実際の登山時にやることは、私自身が実際に行なっているものだ。登山経験や考え方によって、多少の差異はあるだろうが、経験豊富な登山者であれば、ほぼ同様の手順で登山を進めるはずだ。この部分が本書のテーマである、安全管理のキーポイントになる。

なお、私はこれまではスマートフォンにインストールして使用する、キャッシュ型GPSアプリに対しては、信頼性に不安を感じることが多かった。以前の著書にも、頼りすぎないようにと記している。しかしこの5年ほどの間、さまざまな場面で活用し、非常に有効であることを実感した。ここでは道迷いを防ぐために、積極的に活用することをすすめている。

第3章は、実際にアクシデントが発生した場合の対処方法となる、セルフレスキューについて記した。セルフレスキューはビバーク、搬送法、ロープワーク、ファーストエイドといった独立した技術の集合体となる。本書で重点を置いたのは、ビバークとファーストエイドだ。搬送法とロープワークの概要は記したが、本で学ぶのは困難だ。必要に応じて講習会などを受講してほしい。

第4章では遭難時に必要な救助要請などの手順を記した。救助要請をすれば助かる、と考えがちだが、捜索しても発見できない場合や、発見できても救助できない場合もある。そういったときの対処法や、救助された後の事務的な手続きについても簡単に記したので、必要に応じて参考にしてほしい。

私も山でのアクシデントは、たくさん体験してきた。それらに対処するには、一般的な方法以外の手段をとらざるを得ないことも多かった。アクシデントは想定外の状況で発生するため、現場での臨機応変な対応が常に必要だった。本書はそういった実体験に基づいて、教科書的ではない、より実践的な安全管理の方法になるようまとめた。

近年の山岳遭難の傾向

増加が続く山での遭難

毎年6月に警察庁から発表される「山岳遭難の概況」を見ると、この10年の遭難件数は右肩上がりに増加している。前年より減少した年も2回あるが、翌年には再び増加に転じている。発生件数は2000件以上、遭難者数は3000人以上にまで膨らんで、今や大きな社会問題だ。

その一方で死者、行方不明者は、わずかな増加傾向はあるものの、おおむね350人程度で推移。そして全遭難者のなかでの割合は減少傾向にあり、近年は10％程度だ。

遭難件数が多いにも関わらず、致命的な事態の割

発生件数と遭難者数

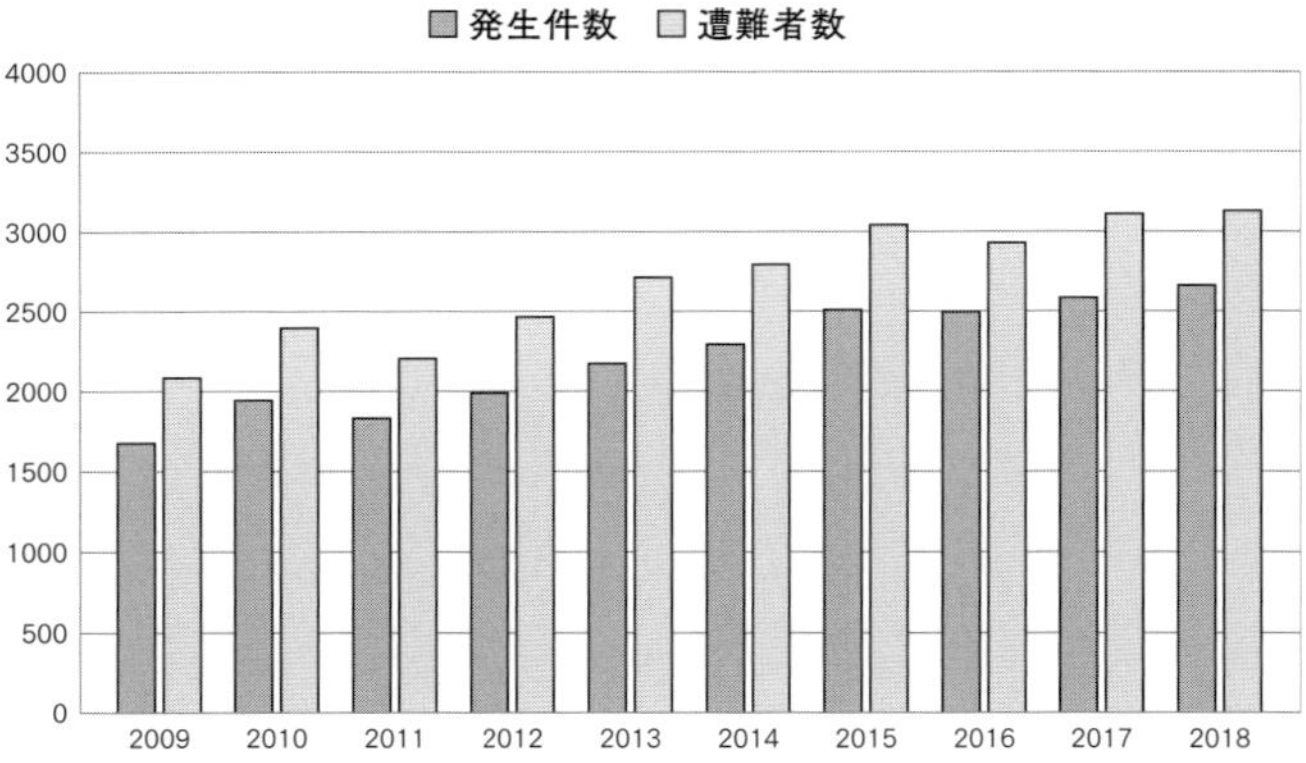

合が少ない理由として考えられるのは、携帯電話の通話エリアの拡大だ。ひと昔前であれば、遭難状況に陥っても通信手段がなく、救助要請ができずに力尽きる登山者もいたはずだ。しかし今は携帯電話を使って、速やかな救助要請が可能となってきた。

それに加えて、捜索・救助にヘリコプターの活用が進んだことも挙げられる。これによって迅速な救助が行なわれるようになったことは、登山者にとって、大きな助けになっている。

ただし、速やかな救助が可能になってきたと同時に、ちょっとした道迷いや疲労などで救助を求める登山者も増えている。かつての命に関わる深刻な遭難とは異なり、軽微な遭難が目立つのだ。

こういった現状により、登山者にはもっと確実な安全管理を行なって、積極的に遭難を防ぐ姿勢をもつことが強く求められている。

死者、行方不明者数と、死者・行方不明者の比率

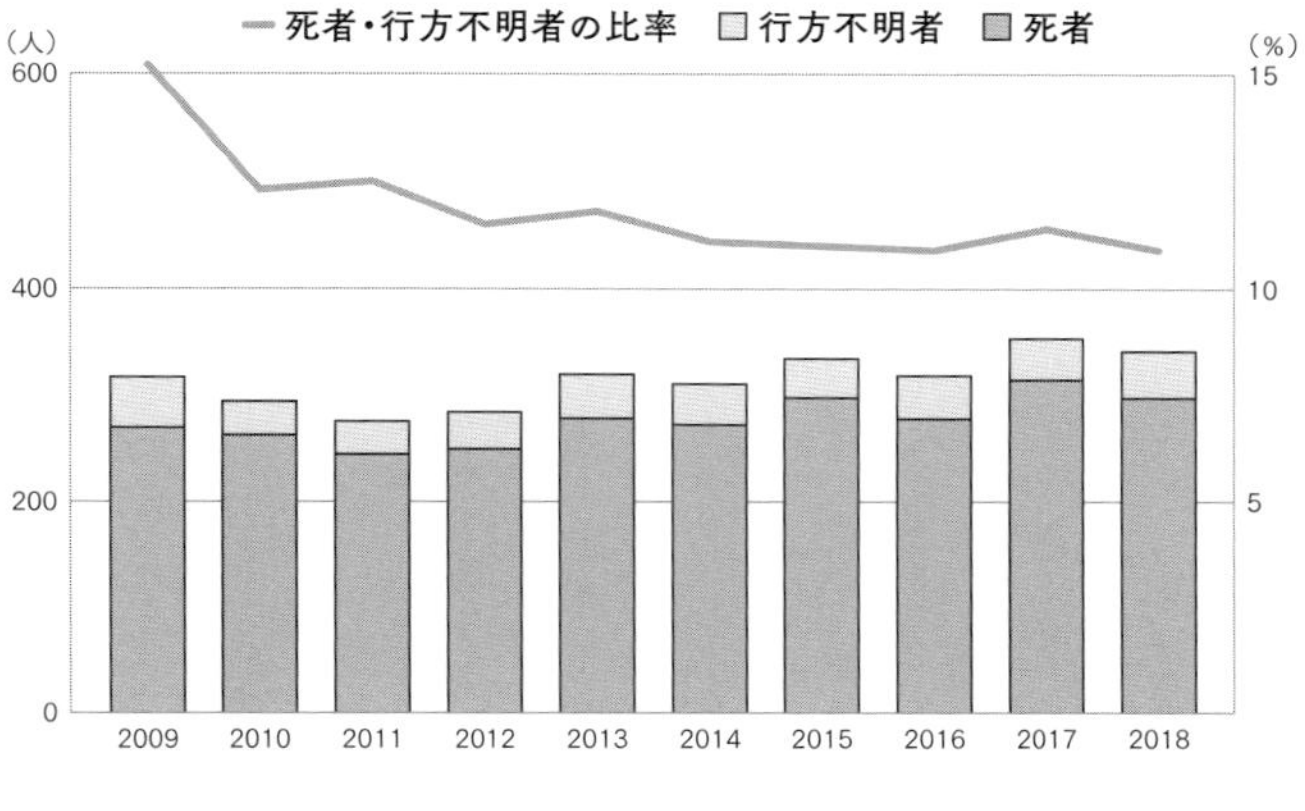

特に増えている遭難者の傾向は？

年齢層別に遭難者数を見ると、ボリュームゾーンは60代。人数は７００人前後と、この10年くらいの間に大きな変化はない。しかしそれ以外の年齢層も、20歳未満を除けばすべて増加傾向にある。特に40歳以上の中高年層は、目に見えて増えたといえるだろう。

なかでも注目すべきは70代で、8年間で倍近くになり、60代とほぼ同じ人数にまで膨らんだ。これは国内でも人口の多い団塊の世代が、その年齢に差し掛かったことにより、高齢登山者の数が増大したためと考えられる。同時にそういった人たちの体力、技術の衰えが、遭難に結びついている可能性を示唆している。

もう一つ、遭難者のなかで増加しているのが単独

年齢層別遭難者数

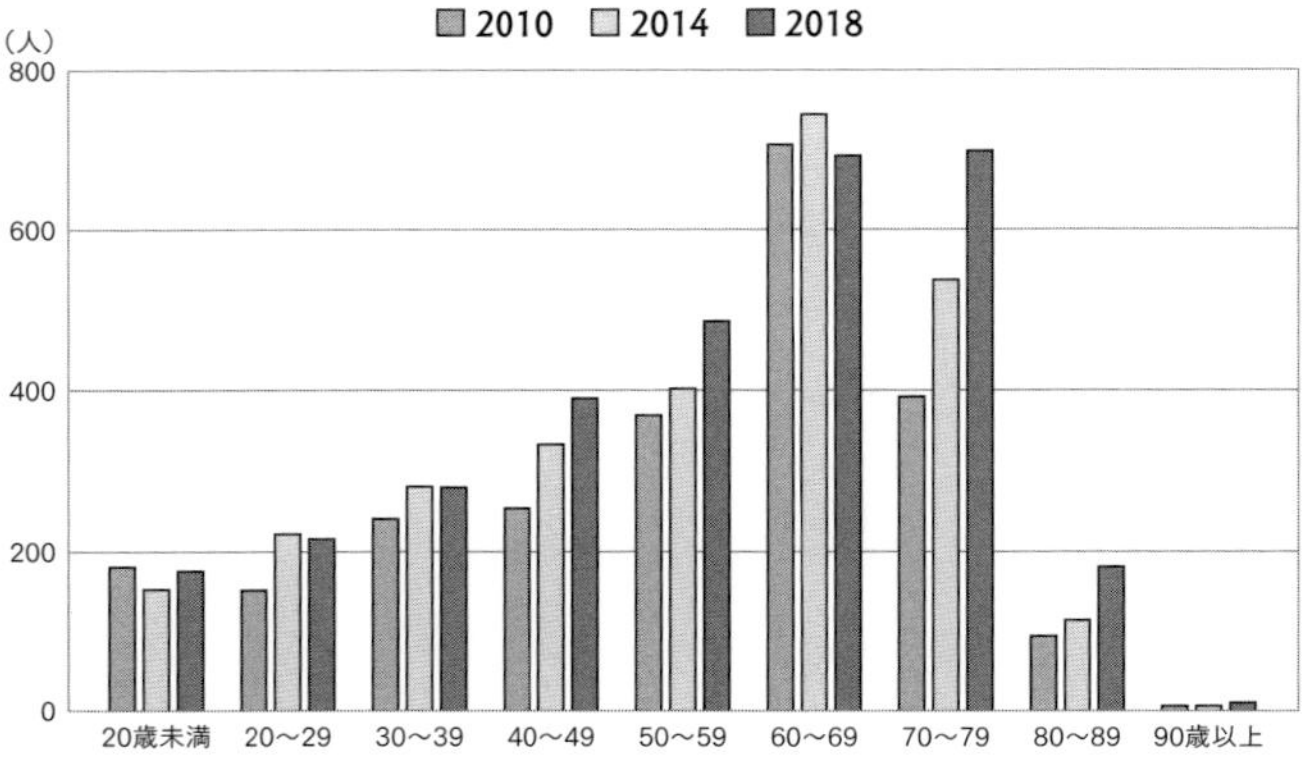

登山者によるもので、年々数を増やし、毎年1000人を超える人数となってきた。これは高齢登山者と同様に、単独登山者の数も増えているためだと思われる。

また、単独登山ではアクシデント発生時の対処が、パーティ登山に比べると困難になるとされる。まさにそのことを示しているのが、死者・行方不明者の、パーティ登山の場合と単独登山の場合の割合の差だ。いずれも単独登山者のほうが、パーティ登山者よりも高くなっている。特に問題なのが行方不明になることで、パーティ登山者の4倍近い人数が、山で行方を絶っている。

さらに外国人の遭難者も目立ち、5年ほどの間に約5倍に増加した。約半数はバックカントリースキーでの遭難だが、日本の山の危険性を認識せずに、軽装で登山に臨んで遭難した例も多い。

死者・行方不明者の割合

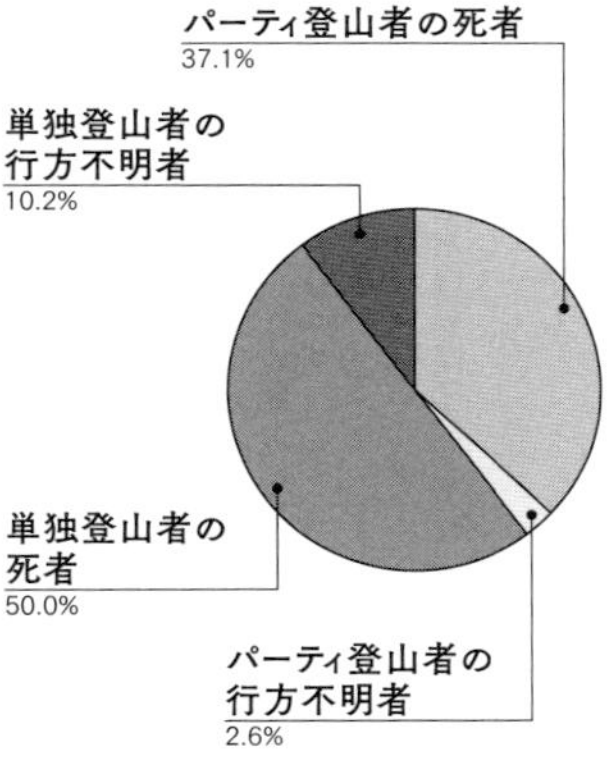

単独登山者の遭難数

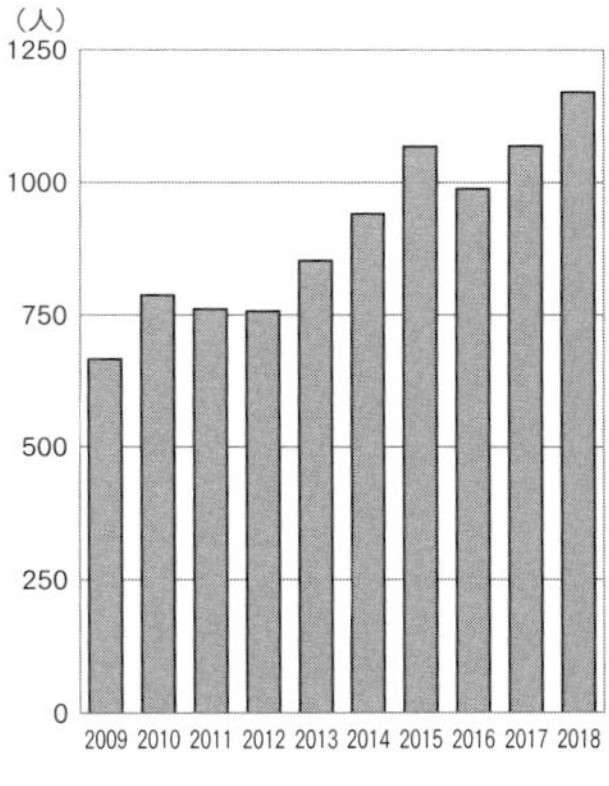

原因で最も多い道迷い

この10年間、登山者が遭難する原因で最も多いのが道迷いだ。ただし、長野県などの山岳県では比較的少なく、主に都市近郊の低山から中級山岳で多く発生している。

とはいえ、標高の高い大きな山での道迷いが実際に少ないのか、というとおそらくそうではない。統計に記されるのは最終的に遭難に陥った原因に限られる。岩稜帯での道迷いの末や、深山で道迷いから行方不明になった人は相当数いるはずだ。

次に多いのは、山の斜面を滑り落ちる滑落と、岩場などを転げ落ちる転落だ。さらに単純に転ぶだけの転倒も加えた、歩行中にバランスを崩すことを原因とする遭難は、道迷いとほぼ同数だ。これらと道迷いとが全遭難数の8割近くを占め、主要な原因と

原因別遭難者の数（道迷い、転落・滑落、転倒）

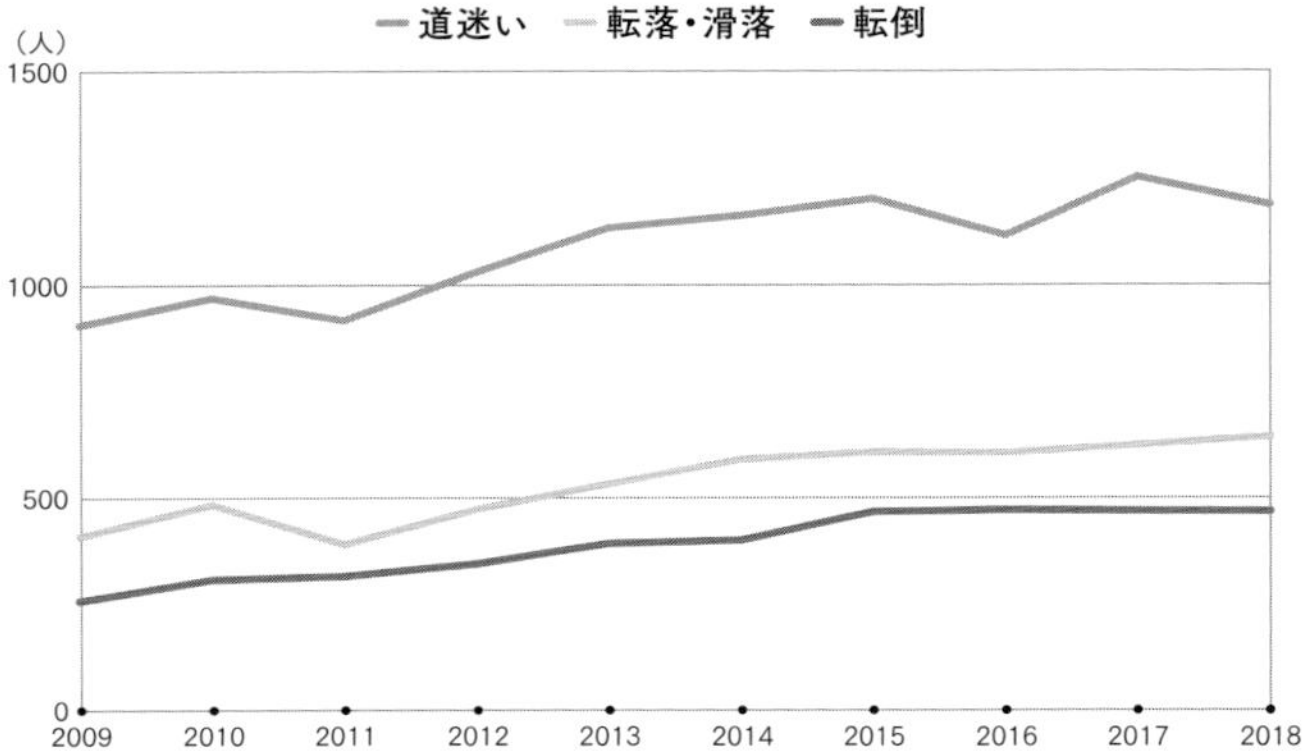

なっている。

そのほかを見ると病気や疲労、悪天候・落雷・鉄砲水、野生動物襲撃、落石といった遭難原因が続く。気になるのは病気と疲労で、年々数が増えている。病気の内訳は高山病、熱中症など登山で起こりやすい症状に加え、心疾患、脳卒中によるものがある。この二つは40歳以上に多い突然死の原因ともされるもので、中高年登山者にとっては大きなリスクファクターだ。疲労で身動きがとれず救助される人は、65歳以上の高齢者に目立つ。

また、年によって差はあるが、ツキノワグマなど野生動物の襲撃による遭難も話題になる。野生動物の個体数は、増加傾向にあるとされるので注意が必要だ。

これら、遭難原因の詳細と対処法については、第2章で解説していく。

原因別遭難者の数
（病気・疲労、悪天候・落雷・鉄砲水、野生動物襲撃、落石）

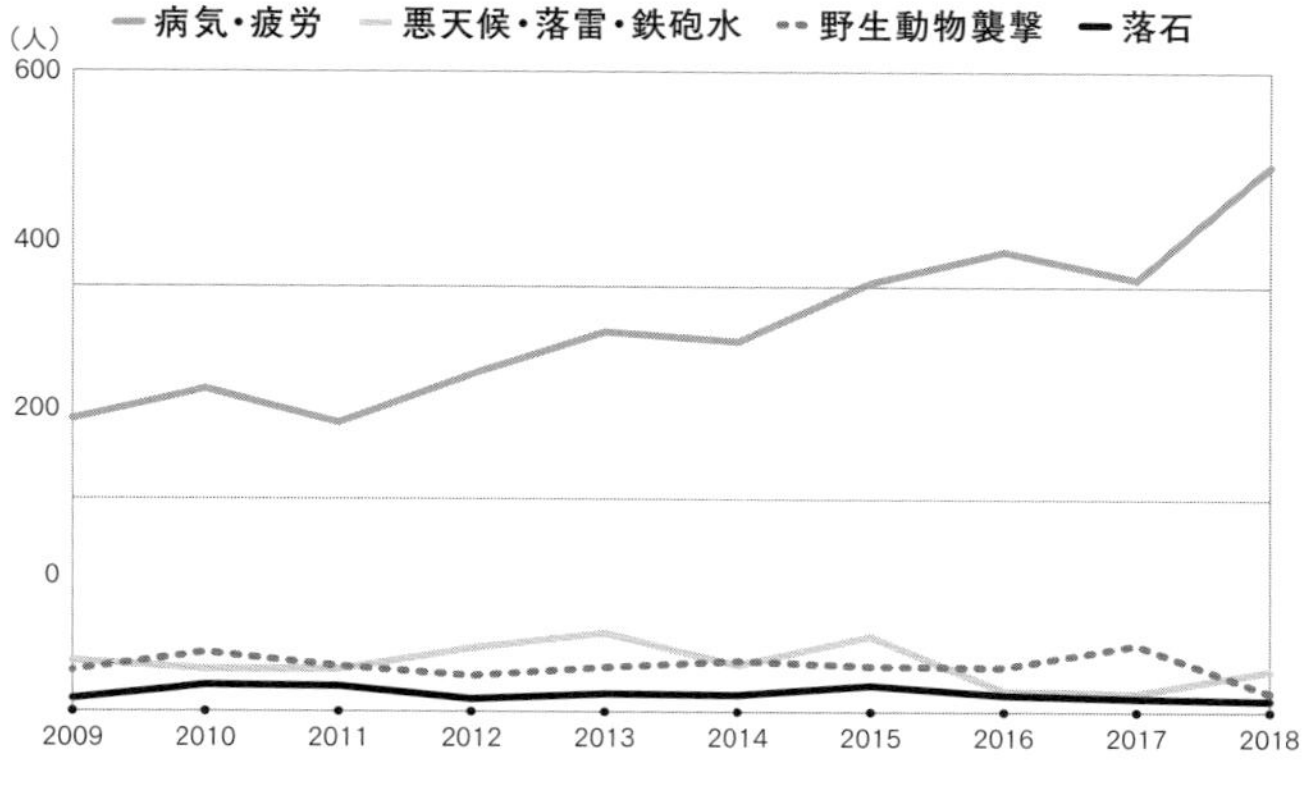

遭難の多い都道府県は？

この10年で最も古い2009年と直近となる2018年の都道府県ごとの遭難件数のうち、上位10番目までを下の表にピックアップしてみた。最も遭難件数が多いのは長野県で、2番目に北海道が続く。

長野県は槍・穂高連峰に代表される岩の山が多く、滑落、転落が多発している。ほかにも人気の高い山が多数集まっていて、それらに登山者が集中することが遭難の多さに結びつくと思われる。また、死者・行方不明者の比率が高く、無事救出の比率が低いことから、遭難が発生した場合には、致命的な状況になる場合が多いことが見てとれる。

北海道は山域が広大なうえ、悪天候の場合は本州の山以上に厳しさが増す。2009年に起きたトムラウシ大量遭難に代表される気象遭難が目立つほか、

遭難件数の多い都道府県
2009年

	都道府県	発生件数	遭難者数	死者	行方不明者	負傷者	無事救出	死者・行方不明者の比率	無事救出の比率
1	長野県	173	186	38	6	92	50	24%	27%
2	北海道	162	224	25	6	32	161	14%	72%
3	富山県	122	131	17	2	60	52	15%	40%
4	秋田県	85	97	16	4	28	49	21%	51%
5	新潟県	84	97	16	3	36	42	20%	43%
6	静岡県	82	147	12	5	35	95	12%	65%
7	東京都	70	82	6	0	39	37	7%	45%
8	神奈川県	69	86	6	1	31	48	8%	56%
9	山梨県	67	75	15	3	39	18	24%	24%
10	福島県	65	82	12	0	28	42	15%	51%

道迷い遭難もしばしば発生している。

そのほか、富山県、新潟県、山梨県、静岡県は、いずれも山岳県であり、長野県と同様に登山者が多く集まることから、必然的に遭難の数も多くなっている。

また東京都や神奈川県、そして近年は兵庫県も上位に入っていることにも注目したい。都市に近くアクセスのよい山は、年間を通じて多くの登山者が入山する。身近であるために体力や技術、装備に不備がある登山者も多くて、遭難件数を押し上げている。死者・行方不明者は少ないがゼロではなく、近郊の山であっても油断はできない。

秋田県、福島県といった東北の山では、春の残雪による滑落や道迷いによる遭難が多いほか、木道での転倒事故も目立つ。

遭難件数の多い都道府県 2018年

	都道府県	発生件数	遭難者数	死者	行方不明者	負傷者	無事救出	死者・行方不明者の比率	無事救出の比率
1	長野県	297	330	52	5	146	127	17%	38%
2	北海道	201	243	17	2	82	142	8%	58%
3	東京都	147	185	5	2	100	78	4%	42%
4	山梨県	145	175	25	4	67	79	17%	45%
5	新潟県	136	157	18	4	53	82	14%	52%
6	群馬県	132	153	16	1	87	49	11%	32%
6	神奈川県	132	159	11	0	70	78	7%	49%
8	静岡県	123	146	10	4	52	80	10%	55%
8	富山県	123	131	5	2	76	48	5%	37%
10	兵庫県	118	133	9	1	45	78	8%	59%

遭難を知ることが一番の遭難予防

山登りでの安全管理を学ぶ方法として、手軽、かつ最も効果的な方法がある。それは遭難について書かれた本を読むことだ。

山登りの途中で危険に遭遇し、緊急事態に陥って、遭難する。その一連の流れには、実は当事者の心理的な要因による判断ミスが大きく影響している。

どのような人が、どの山で、どのようなときに、なぜ緊急事態に陥ったのか？　その緊急事態にどのように対応をして、遭難するにいたったのか？

具体的な遭難事例は本書の内容を補うものであるし、同様の事態に陥ってしまったとき、判断の参考になるだろう。

また、山岳救助に携わる人が書いた本も、ぜひ読むとよい。遭難から救助されるまでの流れを知ることができ、またプロの目線から見た、山登りのより深い危険も学ぶことができる。

『穂高小屋番レスキュー日記』
四六判　1500円＋税
山と溪谷社刊

穂高岳山荘元支配人の、宮田八郎氏の遺稿集。山でのレスキューは、救助する側にも危険がつきまとう。遭難は絶対に起こしてはいけないと身が引き締まる。槍・穂高連峰をめざす人であれば必読の一冊。

『ドキュメント 遭難』シリーズ
文庫版　800円＋税
山と溪谷社刊

実際に遭難をし、道迷い、単独、気象、滑落の各遭難から生還した人からのインタビューを元にまとめたシリーズ。小さな危険から緊急事態に陥り、遭難にいたる生々しい経過が記されている。文庫版が出ている。

第2章

実例と対策

道迷い――山岳遭難の一番の原因

どのようにして道に迷うのか？

登山者の遭難原因で、最も多いのは道迷い。2018年は前年よりもやや件数が減ったが、依然、そのほかの原因よりも圧倒的に多い。そして、おそらく滑落や転落、行方不明といった遭難原因も、最初のきっかけが、道迷いだったものも少なくないはずだ。したがって、道迷いを確実に防ぐことができれば、遭難件数も減らしていくことが可能になるに違いない。

道迷いを防ぐ方法としていわれるのは、地図読みをして現在位置を把握することと、迷ったと思ったらすぐに引き返すことの二つだ。このことは、今は多くの登山者に周知されている。しかし、それでも道迷いが多いのはなぜだろうか？

実は、私も30年を超える登山経験のうえで、道迷いをしたことが何度かある。特に今でも思い返す、道迷いを防ぐ手段を考えるきっかけになったのが、かつて6年間住んでいた鳥取県の、伯耆大《ほうきだい》山《せん》山系での道迷いの経験だ。

その日、向かったのは破線ルートの地獄谷。登山口に車を置いて地獄谷を登り、上部はやはり破線ルートの振子《ふりこ》沢を登って稜線に抜け、大休《おおやすみ》峠まで縦走をして登山口に戻るプランで、単独だった。

　地獄谷を登るのは初めてだったが、要所要所の岩に丸いペンキ印があって、破線ルートとはいえ、ルートは比較的わかりやすい。左右に流れ落ちる滝を眺めつつ、楽しく登っていくとやがて水量が少なくなって、開けた河原に出た。少し進むと右に振子沢を示す赤テープが現われた。地獄谷の源頭部は断崖に突き上げるので、上部はなだらかな、振子沢沿いの登山道を歩くのだ。事前に地図を見て、この振子沢の入口がわかりにくかったとしたら、やっかいなことになるだろうと予測していたので、難なく発見できたことで気が楽になった。

　そこからは水量の少ない沢沿いの、やや荒れた登山道を進んだ。しばらく歩いたところで、唐突に5mほどの滝が現われた。予想外の難所の出現に、気

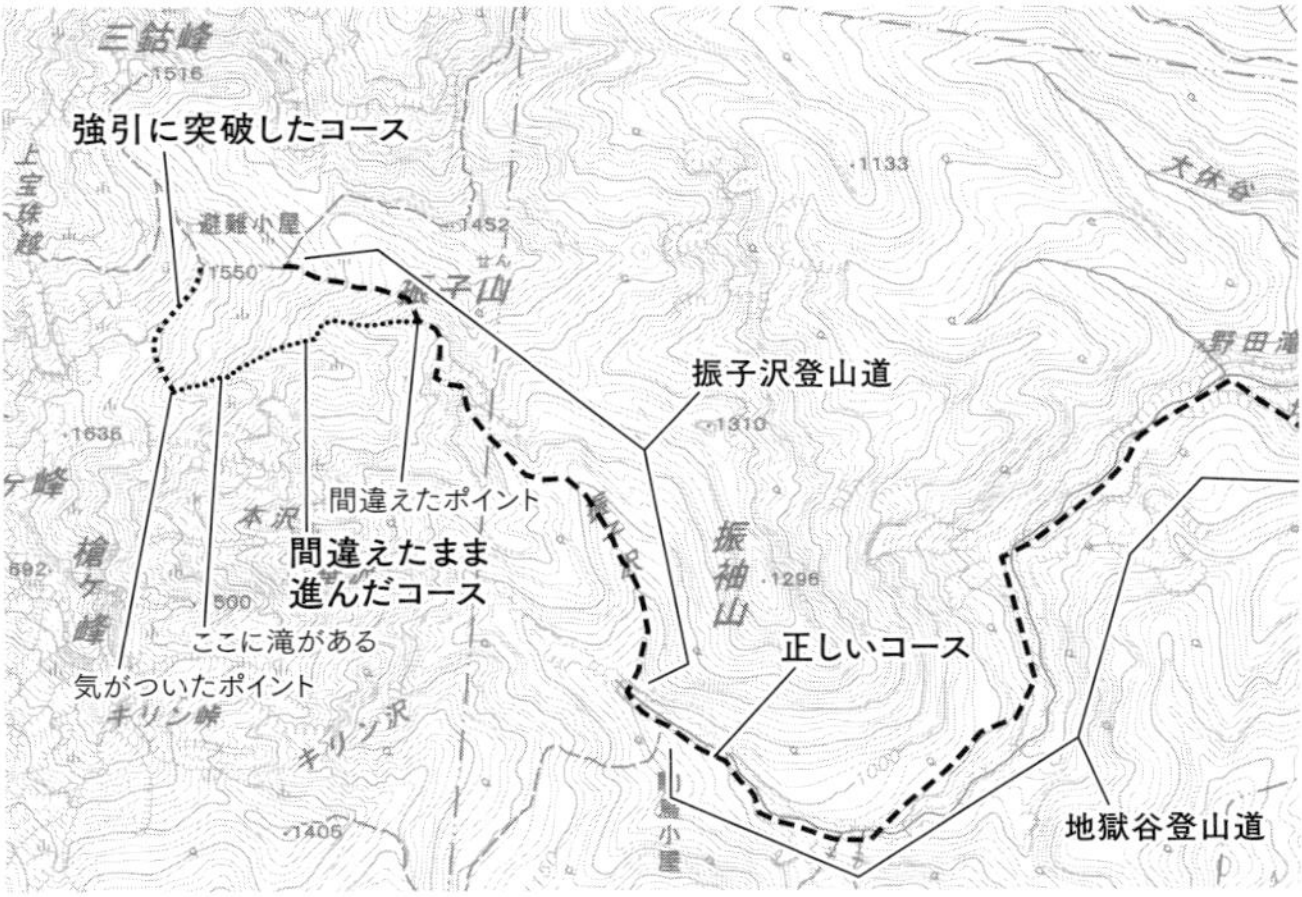

を引き締めて取り付く。そして三点支持で慎重に登りきったところで、周囲を見回して愕然とした。振子沢コースと稜線縦走路の合流点を示す大きな標柱が、右下の離れた尾根の上に立っているのだ。どうやら右に上がるポイントを見落として、沢を登りすぎてしまったらしい。

慌てて地形図を広げたが、振子沢のコースは徒歩道が記されておらず、見ても右上するポイントはどこなのかわからない。登山地図も見たが、等高線がはっきりせず、右上ポイントを見極める地形の特徴が今ひとつつかみきれない。地図を見てもわからない箇所があるとは、予想外だった。振子沢の入口を難なく発見できたことで、油断していたようだ。

そしてこのときは、滝を登っていた。よく考えると、破線コースとはいえ、登山道に難易度の高い滝が現われるとは考えにくい。本来であれば滝が現われた時点で、何かがおかしいと気付かなければいけなかったのだ。

そして滝に限らず岩場というのは、登るのはなんとかなっても下るのは困難だ。特にこの滝は滑りやすいうえに岩がもろく、下るという選択肢は考えられない。人気の伯耆大山だが、その一帯は登山者の少ない区間で、人の姿もまったくない。私は地図を見ても判断しづらいポイントで、道を間違えたまま進み、引き返したくても引き返せない道迷いの状況に追い込まれてしまっていた。

そこから結局どうしたかというと、道迷いからのリカバリの方法としては最後の手段ともいえる、「強引に突破する」を選択した。一般的にはあまりすすめられない解決方法だが、自分の力量で充分通過可能と判断をして、滑りやすい草付の斜面を登りきって、一般登山道へと抜け出した。

このときの経験から、地図読みでは防ぎきれない道間違いがあるし、道に迷って引き返そうとしても引き返せない場合があるということを痛感した。たとえば、前章（P9）で述べた和名倉山でのリングワンデルングのときも、引き返すことが最適なリカバリの手段ではなかった。

もちろん、地図読みは現在位置を知り、ナビゲーションを行なうために重要だ。そして、道迷いに陥る前段階である道間違いの状況だったらすぐに引き返せば、深刻な道迷いをすることはない。

けれども、それだけでは遭難に陥るような道迷いのすべてを防ぐことは困難だ。もっと具体的で確実な道迷いを防ぐ手段と、迷った場合の実践的なリカバリの技術を考えていかなければならない。

振子沢源頭部。中央の尾根に出るのが正しいが、沢をそのまま登ってしまった

現在位置の確認法とスマホGPSアプリ

道迷いは、登山コース上のあるポイントで、予定とは異なる方向に進んでしまう「道間違い」から始まる。道を間違ったことにすぐに気付き、引き返すことができればいいのだが、それができずに進んでしまい、引き返すことができなくなって道迷いの状況に追い込まれていくことになる。

それを防ぐための必須の技術とされるのが地図読みだ。地図で常に自分の位置を確かめて、道を間違えたことにすぐ気付ければ、多くの道迷いは防げるはずだ。

ところが、地図上で自分の現在地を確認する作業はかなり難しい。山頂や山小屋などのランドマークにいるのならば簡単だし、視界のある場所で、遠くにランドマークが二つ以上見えれば、磁北線を引いた地図とプレート式コンパスとを使った交会法を行なうことで、かなり正確に現在位置は確認できる。

だが、ランドマークがなく、ガスや樹林で視界が閉ざされているときは、地図で正確な現在位置を知る手軽な方法はない。それまでの経過からだいたいの位置を推定するか、でなければ、最後に通過したランドマークから、地形と等高線との照合を細かくし続けることで知るしかない。「現在位置がわからなくなったら地図を見よう」と言われるが、多くの場合はわからなくなってから見ても、現在位置はあやふやなままだ。

ところが、現在はそれを解決する画期的なアイテムが普及してきた。キャッシュ型GPSアプリをインストールしたスマートフォンで、活用している人も多いと思う。スマートフォン自体の電池切れや破損、紛失といったリスクがつきまとうことから、活用には慎重な意見も多かったし、私もトラックログの記録程度にしか使っていなかった。

しかし、使い慣れると非常に便利だ。特に2万5000分ノ1地形図の登山道（正確には「徒歩道」）の位置は、実際と異なっていることも多いのだが、そのこともひと目でわかるので、とても頼りになる。前ページで紹介したような、標識がなく、地形の特徴もはっきりしない地点で進路を変える場合でも、そこをピンポイントで知ることが可能だ。単純な道迷いを防ぐには、最も効果的なアイテムではないだろうか？

ただし、GPSアプリがあれば地図は不要かというと、それは違う。地図読みの大きな目的は、現在位置を知って道迷いを防ぐことのほかに、目的地までのコース全体を見渡した行程管理をすることがある。しかし、スマートフォンでは画面が小さすぎて、全体を見渡すことには無理がある。しかも濡れ、寒冷といった厳しい環境には弱い。悪天候のときほど素早く正確に現在位置を知りたいものだが、そういったときに使いにくいというデメリットがある。したがって、紙の地図とコンパスを持つことと、それを使いこなす技術は今後も必要だ。それぞれの長所、短所を理解して両方を併用しよう。

ナビゲーションとルートファインディング

地図上で現在位置を確かめたならば、そこから進行方向の情報を読み取り、先読みをしつつ進路を確定していくことも、道迷いを防ぐためには必要となる。いわゆる、ナビゲーションの技術だ。もし緻密にナビゲーションするならば、進路方向に目標点を決め、コンパスのスケールで水平距離を測り、等高線から標高差を数え、リングを回して方向を確認する、といった作業を行なう。

ただし、登山道を歩く場合にそこまで行なうことは少ない。道が明瞭であれば、登山地図で次の区切りとなる地点までのコースタイムを見て、登りか下りかを確かめ、あとは危険マークや鎖場などをチェックする程度で済ます人が多いだろう。だが、その場合でも、進む方向を勘違いしてしまうことはある。要所要所でコンパスを取り出し、進んでいる方向を確かめる習慣をつけておこう。プレート式コンパスの機能は使わなくても、磁針を見るだけでも充分役に立つ。

そのうえで、GPSアプリもチェックして現在位置を確かめつつ歩けば、道間違いにすぐ気付き、道迷いにまで状況が悪化することはないと思われる。しかし、道迷いをした人のなかには、GPSアプリを使っていても、正しい進路がわからなかったという人もいる。そこで重要になってくるのが、進路を定めるためのもう一つの技術である、ルートファインディングだ。

ルートファインディングは、現場の状況を確認して正しい進路を見つけ出す技術だ。GPSアプリの助けを借りることで、地図読みやナビゲーションはやりやすくなった。しかし、それだけでは正しい進路判断はできない。たとえ拡大したとしても、実際の地形がすべて地図上に表現されているわけではないからだ。

ルートファインディングの基本は、現場での観察力にある。指導標のような明らかなルート目標から始まり、ペンキ印や赤テープ、そして道の状況や地形の起伏までをしっかりと観察し、進むべき進路を判断していく。

場合によっては必要な指導標が欠損していたり、道がヤブに覆われてはっきりしないこともある。さらに次ページから述べるように、地形そのものが迷いやすさを作り出している箇所もある。そういった場合は仮の進路を決めて少し進み、先の様子を確かめて違和感を感じたら引き返し、別の進路を確かめるという、トライアンドエラーの姿勢も大切だ。

また、最近は遭難対策関係者の間で、新しいタイプの道迷い遭難者のことが話題に登るという。登山中にスマートフォンのGPSアプリを見続け、それだけで進路判断をし、誤った方向に進んでいってしまうというのだ。迷う場所も、次ページから示すような場所とは異なり、予想外の場所で行き詰まっていることが多く、発見もしにくいという。そこまでではなくても、登山口で標識を見ずに、スマートフォン片手に右往左往しながら登り口を探す登山者はよく目にする。GPSも有効ではあるが、まずはしっかりと周辺を観察することを優先したい。

道を間違えやすい状況と地形を知ろう

道迷い遭難の事例を調べたり、自分自身で道間違いしたときの状況を思い返すと、道を間違えるときの状況や地形には、ある一定のパターンが見えてくる。歩いている最中にそういう場面が現われたときに、特に集中をして地図やＧＰＳアプリを確認し、より慎重にナビゲーションとルートファインディングを行なうことで、道迷いする確率をかなり減らしていけるはずだ。

道を間違えやすい状況でまず挙げられるのは、悪天候のとき。ガスが濃いと進路が見渡せないし、風雨のときは地図の確認も、進路確認もおろそかになりがちだ。

次は登山道の状態がわるいとき。道の刈り払いがされていなかったり、崩落箇所があったりすると、そこで道を見失ってしまう可能性がある。

さらに晩秋の低山での落ち葉や、春の中級山岳や日本海側の山での残雪は、登山道を覆い隠すために道がわからなくなり、間違える人がとても多い。

そして地形そのものが、間違えやすさを作り出す例もある。遭難対策の関係者に話を聞くと、山域ごとに、多くの登山者が道を間違える危険な箇所があるという。たしかに、山を歩いて注意深く観察すると、ここは間違えやすいと思える地形が存在する。特に気をつけたいのは次に紹介する７つの地形だ。

①沢沿いの道

沢に沿って付けられた登山道は、増水時に石や砂、倒木が流れてくることが多く、不明瞭になりがちな区間だといえる。そして普通の状態でも難しいのが、沢から離れるポイントの見極めだ。

登山道が沢の流れに沿った場合、いずれは沢から離れるのだが、そのポイントを見落として、そのまま沢を進んでしまう道間違いが多い。登山道よりも沢のほうが、視野が開けていることが多く、進路らしく見えるためだ。

単に道が沢を横切る場合も、橋がないときは渡った後の進路を見失いがちなので目印をよく確認しよう。

地図では沢をたどるのは何mくらいか、離れるときは左右どちらに進むのかを、あらかじめチェックしておくといい。

②トラバース道

山の側面を進むトラバース道が続くとき、そのトラバース道が支尾根を横切ることがある。そのとき、通常は支尾根の先端部から回り込むようにして再び側面に戻る。ところが、そのまま支尾根を下ってしまう道間違いが多い。山の側面よりも尾根のほうがすっきりしていて、進路と錯覚しやすいためだ。

特に間違える人が多い所では、支尾根のほうに明瞭な踏み跡が残っていることもあり、さらに間違えやすくなって悪循環となる。そのような場所では、P40のように道をふさぐ枝や倒木が置かれて、支尾根に入り込まないように注意をうながしていることも多い。

地図ではトラバース道を進むときの支尾根を横切る位置や回数、また、その支尾根がなだらかか、険しいかなどを確かめておこう。

③急な尾根に付けられたジグザグの道

傾斜の強い尾根に付けられた登山道は、忠実に尾根上を進むのではなくて、急な傾斜をかわすために、やや側面をジグザグにたどるように進むことが多い。

こういった道で側面に進んだときに、折り返すポイントを見落として、そのまま側面を直進してしまう道間違いが起こる。森林限界上を行く場合は、折り返すポイントの正面方向にガレが続いていると、ついそのまま進みがちだ。特に登りのときは、足元ばかり見て歩くため気付きにくい。

あとは植林帯でも、折り返すポイントの先に、作業者の踏み跡がある場合には、同じように間違えやすい。

地図ではジグザグ区間が続く長さや、最大で何mくらい尾根の頂点から離れるのかを読み取っておくといい。

④山頂や小ピーク

山の頂上や、尾根上の小ピークに立った後、その先の登山道がわからなくなって、探し回ることがある。

これは登ってきた方向の反対側に進路が続くと、単純に思い込んでしまうことが原因だ。実際は左右方向や、折り返すように少し戻った所に下り口がある場合も少なくない。

このような細かな部分は、地図に表現されない場合も多い。地図とコンパスを使った進路確認は必要だが、それで正しいと思える方向に強引に進むことはせず、まずは周辺をよく確かめよう。

特に展望がよいピークは、進路となる尾根からわずかに枝分かれして上に立つ場合が多い。登ってきた道を引き返すと正しい道が見つかることもあるので注意したい。

⑤平坦地

目立った目標物のない平坦地は、登山道をたどっているうちはいいが、うっかり外れるとそのまま道を見失ってしまうことがある。

注意が必要なのは視界のわるい樹林帯の平坦地で、落ち葉や残雪で道が隠れると本当にわかりにくい。また、見通しがよい場所でも、ガスや雨で視界が失われると、ほんのわずか道を外れただけで復帰できなくなることがある。

こういった場所に差しかかったならば、地図とコンパスで進む方向を確かめよう。方向を維持しつつ、路面の状況にも注意を払って進めば、致命的な道間違いは防げるはずだ。

このような状況で進路確認を怠り、あいまいなまま進むと、同じ場所をグルグルと回る、リングワンデルングに陥ることもある。

⑥下るときの尾根の分岐

尾根上の道を下っているときは、その尾根は次々に分岐するはずだ。このとき、登山道が不明瞭な場合には、尾根を間違えて下ってしまうことがある。特に落ち葉や残雪が、登山道を覆い隠しているときは要注意だ。

防ぐには、事前に地図でコース上の尾根の分岐をチェックしておくこと。そして現場でそのような分岐が現われたら、コンパスを使って必ず進行方向を確かめることだ。

もしこの間違いをした場合は、リカバリするには登り返しが必要となる。しかし、それが下山時だとしたら、時間的、体力的に登り返しが困難な場合があるかもしれない。そうなると、対応のとても難しい判断を迫られることになってしまうので、特に注意したい地形だ。

⑦登山道が尾根を外れるポイント

尾根上をたどっていた登山道が、左右にそれる場合には、そのポイントを見落としてしまうことがある。

登りでは、尾根に現われた岩場をかわすときに、左右どちらかにそれることがある。そこで反対に進んでしまう間違いが多く、気付かずに行くと急斜面に出て進退窮まってしまう。

下山時は、登山口の近くまで下りると登山道が尾根を離れ、右か左の側面に下ることがほとんどだ。疲労も蓄積している頃であり、それを見落として、そのまま尾根を下ってしまう道間違いが多い。このタイミングで間違えると、やはりリカバリには登り返しが必要となり、やっかいだ。

事前に地図をチェックして、道が尾根を離れるポイントと、その方向を確かめておくといい。

コースの目印

道迷いを防ぐためのルートファインディングの基本は、コースの目印を確実にチェックすることだ。目印にはさまざまな種類があるが、多くの山で使われている代表的なものを知っておこう。

ペンキ印

岩などにペンキで「○」や「→」を書いて正しいコースを示す

指導標

最も確実。ただし台風などの後には倒れたりなくなっている場合もある

ベンガラ

雪渓上での歩行ラインを示す赤っぽい粉でつけられたマーク

竹竿

ガレ場や雪渓上でコースを示すために立てられることが多い

道をふさぐ木の枝

その踏み跡が登山道ではないことを示すマークで、越えて進むと行き詰まる

ケルン

コースであることを示すために先人たちが積み上げた石積み

ここも
注目！

赤布・赤テープの種類

雪山コースを示すもの

→ たどってはいけない

雪山登山がポピュラーな山につけられるもので、雪のない時期には手が届かないくらいの高い位置に見えることが多い。同じ山でも無雪期の登山道と雪山コースとではラインが違う場合があり、たどっていくと登山道を離れてヤブに突入してしまうことも。

林業作業の目印

→ 絶対にたどってはいけない

主に人工林で、ピンクのテープが点々と続いていることがあるが、これは作業をするための目印にすぎず、たどってはいけない。

必ず正しい道を示しているとは限らない

登山道を示すもの

→ たどってOK

特に沢沿いなど、標識が立てにくく、流されてしまう可能性がある場所では、赤布や赤テープが積極的に使われることが多い。樹林帯の道でもしばしば使われる。

バリエーションルートの入口を示すもの

→ 絶対にたどってはいけない

一般登山道ではない、岩壁ルートの入口や、渓流釣り師のための沢への下降点などにもつけられている。

間違ってつけられた目印

→ 絶対にたどってはいけない

道迷いをしやすいコースでは、赤テープを木につけながら歩く人がいる。そういった人が間違ったコースに入り込み、つけたテープを撤去しないままということもある。たどってはいけないが、見極めは難しい。

なぜ道を間違えてしまうのか？

登山道が道間違いしやすい状況になっていたとしても、すべての登山者が間違えることはない。むしろ同じように歩いても、何ごともなく通過する人のほうが多い。そういう人と間違ってしまう人の差は、いったいどこにあるのだろうか？　簡単にいえば、観察力や注意力、そして判断力の違いだろう。

一つは目の前の状況に対する、判断ミスがある。勘違いや思い込みといったもので、正しい進路やマークが見えていても、それを活用した判断ができず、スルーしてしまう。主に経験の浅い初級者が、こういうミスを犯すことが多い。

観察力の不足による、分岐や標識の見落としが原因の道間違いもある。景色や花などに気を取られたときは要注意だ。特に単独のときは一人分の視点しかないため、見落とす可能性が高まる。また、山では常に注意力を維持することが大切だが、パーティ登山の場合には、おしゃべりに夢中になって注意力散漫になってしまい、曲がるべき分岐をやり過ごしてしまったりする。

しかし、そういうことを知ったうえで、注意して歩いているつもりでも間違えることがある。私自身もときどき間違えるので、いったいなぜなのだろう？　と考えるのだが、その理由の一つには、慣れによる注意力の散漫さがあると感じる。

たとえば数年前、静岡県の沼津アルプスを歩いていて、間違った方向に下ってしまったことがある。確かにそこは間違えやすく、進路に悩む人も時折見かける分岐だ。しかし、私はもう5回以上も歩いているにもかかわらず、間違えてしまった。よく知っている道だから、という気持ちから注意力が散漫になり、分岐での進路確認が意識に上がらず、行き過ぎてしまったのだった。

また、私は単独で山に入ることも多いが、一人だとつい考え事にのめり込んでしまって道を間違える。さらに、単独のときは大半が登山コースの下見や取材だ。そういうときは途中で写真撮影に時間を費やして、後半は急ぎ足になってしまう。すると現在位置の確認や分岐のチェックも中途半端なまま、先へ先へと足を進めることになる。前に述べた、大山山系での道間違いのときも、思った以上に時間が過ぎていて、急ぐ気持ちが強かった。

結局、道間違いを完全に防ぐことはできないのだと感じる。そこでおすすめしたいのが、「自分は道を間違えるものだ」と強く自分に言い聞かせることだ。観察力や注意力、判断力は完全なものではないことを知り、常に自分の行動に疑いをもつことが、道迷いを防ぐためには有効だ。歩いていて違和感を感じたら、すぐに地図やGPSで客観的に現在位置を確かめること。また、正しい道を歩いていると思うときであっても、5分から10分に一度は必ず立ち止まって、現在位置を確かめる習慣もつけるようにしよう。できるだけ早いタイミングで、道間違いをしたことに気付けると、その後のリカバリの労力は小さい。

なぜ引き返せないか？

繰り返しになるが、たとえ道間違いをしてもすぐに気付いて引き返せば、特に問題はない。この引き返すことの大切さは、多くの登山者が理解しているはずなのだが、それを拒否してしまうことがある。自分にとって都合のわるい情報を受け入れようとしない、正常性バイアスという心理状態に陥っているときだ。以前、仲間と二人で中央アルプスの空木《うつぎ》岳に登ったときに、そういうことがあった。

そのときは初冬で、山頂は完全に雪山の様相だったが、下山路となる池山《いけやま》尾根の中間部あたりまで下りてきたら、雪は薄っすらと積もっている程度。先を歩いていた私は、急に難しい岩場が目の前に現われたことに驚いて、ふと立ち止まった。どうやら道を間違えたようだった。

10mほど後ろを歩く仲間にそのことを伝え、引き返そうと口にしたら、そのときの仲間の返事は、「間違っていない！」というものだった。

登りになかった岩場があることを言っても、そんなことはない、ここは通ったという。困ったが、なかば無理やり引き返したら、100mほど先に尾根を外れて右に下る道がちゃんとある。P39で説明した、登山道が尾根を外れる、典型的な道間違えしやすい場所だった。

このときは、二人とも疲れていた。確かにあそこで、わずかな距離でも引き返すのは避けたい気持ちだった。あの場での道間違いは受け入れ難く、仲間の心に正常性バイアスが働いたのだろう。また、間違えたことに気付くタイミングが遅れると、引き返すのが困難になってしまう。

以前、岡山県の花見山《はなみ》という低山を登ったときのことだ。コースは、南面の花見山スキー場を出発地として山頂に立ち、北面の千屋《ちや》温泉へ下るもの。山頂を越えてその先の滝コース分岐を過ぎ、植林帯のなかの急な尾根を下りきった所で、ふと気が付くと登山道とは思えない場所に立っていた。不明瞭な尾根の分岐点で、登山道でないほうへ下ってしまったようだった。

こうなったら、通常であれば最後に確認したランドマークである滝コース分岐まで戻るべきだろう。しかし、その日は出発が遅く、すでに夕方近い時刻だった。滝コース分岐までの標高差は約350m。登り返したら1時間はかかるはずだった。結局このときは、周囲の様子を調べるうちに千屋温泉の建物が見えたので、それを目標にしてヤブを漕ぎ、強引に下山した。

このように、心理的な要因や時間的、体力的な要因で、引き返すという判断ができないことがある。しかし、正常性バイアスの場合であれば、GPSアプリで現在位置を確かめると道を間違えていることが明確にわかる。根拠のない希望的観測を打ち消すためにも、積極的に活用したほうがいいだろう。

一方、時間的、体力的な要因で引き返せない状況というのは、難しい。道迷い遭難の多くがこのような状況から始まっているのではないだろうか？

道迷いからのリカバリ

道間違いをしたことに気付かずに進んだとしても、いつかはＧＰＳアプリをチェックするし、持っていないときでも、予想した周辺状況との違いから、目的地と異なる場所にいることには気付くだろう。このとき、すぐに解決できないほどに進んでいたとしたら、もはや道迷いだ。

自分が道迷いになったと思ったら、ここで紹介することを参考にして、リカバリを試みよう。

①まずは落ち着く

道に迷ってしまったら、冷静になって確実に状況を把握したうえで、リカバリに向けて行動を始めなければならない。しかし、実際はなかなか冷静にはなれず、焦りが募ってくるものだ。

焦っている段階で、不用意な行動をしてしまうことが危ない。やみくもに引き返そうとして違う方向に進んだり、体力的に楽なことから下降を選択して、道迷いを悪化させてしまうことが多いからだ。その結果、崖やガレに行き当たって、転落や滑落という最悪の事態に陥ることにも結びつく。

したがって、道に迷ったとしても、焦る気持ちは押さえ込まなければならない。まずは水分補給をし、行動食も口にして落ち着こう。

そのうえでＧＰＳアプリや地図を開いて、ここまでの経過を振り返りつつ現在位置を確かめる。ＧＰＳアプリがない場合は難しいが、記憶をたどり、地図の等高線を読み込んで、できる限り正確と思える現在位置を推定しよう。ここでは登山道にいるか、そうでないかが重要となる。

次は、道間違いをしたポイントを推定する。そして、現在位置から間違えたポイントまでの傾斜や標高差を地図で確認。順調に引き返せる場合は標高差360mに対し、登りは1時間、下りでは45分を所要時間の目安にして、間違えたポイントまで戻るおおよその時間を計算する。

②来た道を引き返す

道迷いに気付いた場所が登山道だったり、登山道を外れていたとしても険しさのない地形であれば、間違えたと思われるポイントをめざして、たどってきたとおりに引き返す。しかし、もしこの途中で別の方向に進んでしまうと、その次のリカバリはもっと困難になる。コンパスを積極的に使ったナビゲーションを行なって、慎重に進もう。

③道を思い出しながら引き返す

GPSアプリがない状況で現在位置があやふやな場合も、もし、来た道を思い出せる場合は慎重に引き返す。こういったときは、途中の倒木や露岩、道脇のキノコといった自然物も目印になる。ただし、記憶だけに頼ることはせず、コンパスを使った方向確認と、地図による現在位置の推定は必須だ。この場合は登山地図よりも、2万5000分ノ1地形図を使ったほうが有利だ。等高線が明瞭なうえ、植生記号も記されるため、周囲の植物も現在位置を推定する材料になるからだ。

ここでもやはり違う方向に進んでしまう可能性があるが、それに気が付かなければさらに深刻な道迷いになってしまう。この方向に5分進んではっきりしなければ引き返し、別の方向を試す、という慎重なナビゲーションを行ないながら、根気よくリカバリをめざそう。

④今までの行動を振り返る

登山道を大きく外れてしまった場合には、引き返そうと思っても難しい場合が多い。特に進行方向が逆の場合は、見える景色も異なるため、単純には記憶をたどれないこともある。記憶をたどって引き返せない場合は、むやみに歩き回ると状況を悪化させてしまう。わかる所までいったん引き返し、もう一度冷静になって今までの行動を振り返ってみよう。意外と自分のそれまでの行動のなかに、引き返すためのヒントが隠されていることがあるかもしれない。

また、この段階でも周囲をしっかりと観察することで、赤テープなどのマーキングが目に入れば、それをめざすことで登山道に復帰できる可能性もある。

⑤まったくわからないときは?

道を見失い、現在位置の見当もつかず、ここまでの行動もあやふや。そうなったら状況はかなり深刻であり、すでに遭難しているといえる。携帯電話の通じる所であれば、近隣の山小屋や登山口のビジターセンターに電話をし、状況を伝えてアドバイスを受けよう。場合によっては110番、または119番にかけて援助、救助を求めるのもやむを得ない。その後、基本は相手の指示にしたがっての行動になる(救助要請法はP186参照)。

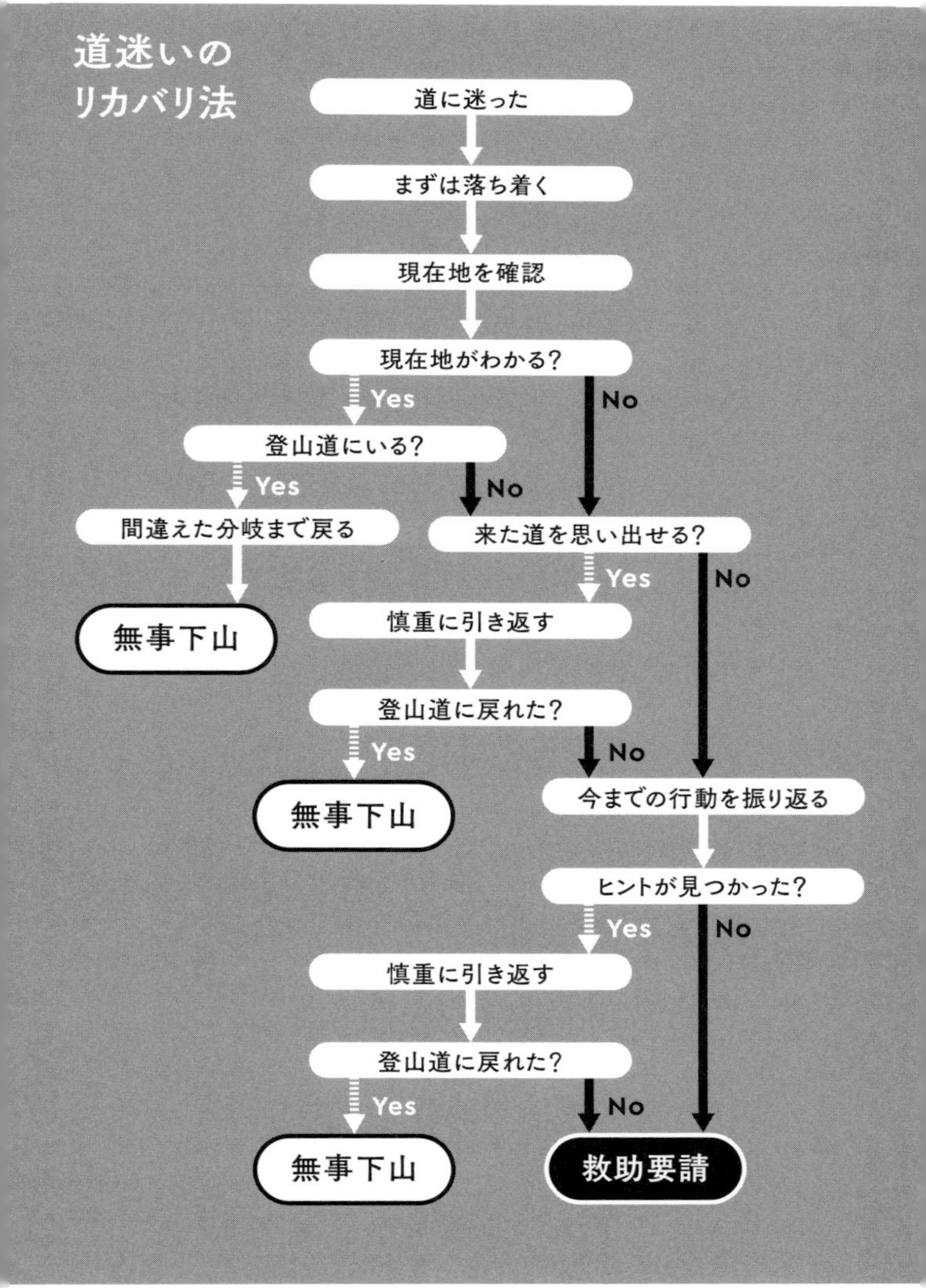
道迷いのリカバリ法
道に迷った
まずは落ち着く
現在地を確認
現在地がわかる?
Yes
No
登山道にいる?
Yes
No
間違えた分岐まで戻る
無事下山
来た道を思い出せる?
Yes
No
慎重に引き返す
登山道に戻れた?
Yes
No
無事下山
今までの行動を振り返る
ヒントが見つかった?
Yes
No
慎重に引き返す
登山道に戻れた?
Yes
No
無事下山
救助要請

どうしてもリカバリできないときはどうするか？

救助は求めずにリカバリの行動を続けていた場合、時間的、体力的にその日のうちのリカバリが無理だと判断し、日没が迫ってきたら早めのビバークを決断すべきだ。暗いなかでの行動は、転倒、滑落、転落の危険性が高く、避けるべきである（ビバークについてはP122参照）。そして翌朝、明るくなってから再度リカバリを試みよう。

また、もし間違って下ったのが登山道だったとしたら、その先で確実に山麓へ下山できることを確認したうえで、そのまま下ってしまうのも一つの手だ。暗い山のなかでビバークするよりは、予定とは異なる所であっても、下山してしまったほうが安全だからだ。ただし、そこから家に戻るには、大きな労力と時間、お金が必要になるかもしれない。

問題なのは、まったくわからなくなったうえ、通信手段がないときだ。

こういった場合、下に向かえば下山できると考えて、下る選択をしがちだが、多くの場合、それは誤りだ。

特に危険なのは、沢を下ること。沢の源頭部はなだらかに見えて、つい下りたくなってしまうものだ。ところがしばらく下ると滝が現われて、それ以上進めなくなる。しかしそこから引き返そうとしても、なだらかに見えた源頭部は登り返すには急峻であり、進退窮まることになる。

ならば尾根を下ればいいかというと、それも危険だ。道のない尾根は下へ行くほどヤブが濃くなり、末端は急傾斜で沢の支流に落ち込む場合が多い。やはり、最終的には行き詰まる可能性が高い。一方、反対に尾根を登ると山頂方向に向かうことになる。山頂は山麓に比べると面積が狭まり、登山道にぶつかる可能性は高まるし、視界がよいことも多く、万が一のときにも発見されやすい。したがって連絡手段がなく、行動できる体力があるときは尾根を登って上をめざすのがよい。

さらにもう一つ、現在位置がある程度推定できていて、脱出路となるランドマークが見えているときや、方向を決めて進めば林道など、より安全な場所に出ると考えられるときは、強引に突破するということもあり得る。ただし、それが可能なのは道ではない区間を安全、確実に通過できる力量をもつ登山者に限られる。技術のない登山者が、強引な突破を試みて遭難した例もあるので、安易に試みるのは避けるべきだ。

下山が遅れたことにより、家族から捜索願いが出ることが予想されるのであれば、道と現在位置を見失った時点で動かないで救助隊を待つ、という判断も可能だ。しかし、そういった場合に救助隊がやってくるには、早くても2日、通常はそれ以上かかるだろう。その間は、ビバークをして耐え抜く強い気持ちが必要だ。

いずれの場合も、転倒、滑落、転落は絶対にしてはいけない。道迷いの状態でケガをすることは、致命的な結果に結びつく。体力を温存して粘り強く、リカバリの努力を続けたい。

低山こそ気をつけたい道迷い

ここまで、道迷いになる原因、防ぎ方、迷ってしまった場合のリカバリ法について確認してきたが、最後に山のシチュエーションごとの危険性を改めて確認しておこう。まずは低山だ。

低山というと標高が低い小さな山で、街にも近く、危険は少ないと思う人が多いだろう。確かに標高の高さに起因する、悪天候時の厳しさなどのリスクは少ないが、低山ならではの危険がある。特に注意を要するのが、道迷いだ。

低山は人里に近いため、登山者以外にも多くの人が入り込む。林業関係者、山菜採り、キノコ採りなどの道が、登山道と交錯して混乱しやすい。登山道では正しい道を示すことが多いピンクのテープも、伐採予定の木などに巻かれている。うかつにそれをたどっていくと、どんどん登山道から離れていくことになってしまう。一部の山域では、登山道ではない、山仕事用の道に「山道」という標識が設置され、登山者に注意を促している。しかし一般的には何も表示がなく、登山道に交わっている仕事道のほうが多い。

さらに低山にはシカ、サル、タヌキ、クマなどの野生動物も生息している。動物たちはヤブを嫌い、ほかの動物のたどった跡を歩くのを好むため、けものみちができる。晩秋の低山で、落ち葉が多いときなどは登山道よりも、そういったけものみちのほうが明瞭な場合があり、注意しないと引き込まれてしまう。

そして地形も複雑だ。侵食によって比較的シンプルな地形になっている高山とは異なり、樹林に覆われている低山は、ちょっとした土壌や地下の岩盤、植生の違いで尾根が細く分かれて、たくさんの支尾根が生じ、高山にはない複雑さを見せる。特に一見平坦に見える台地状の地形に、細かな沢筋が網の目のように食い込む開析地形では、道を間違えやすい地形（P32からを参照）で説明した地形がまるでトラップのように次々と現われて、非常に迷いやすい。関東周辺では千葉県の房総《ぼうそう》丘陵や、神奈川県の三浦《みうら》丘陵が代表的な開析地形のエリアだ。

標高の低い山こそ、道迷いの危険性が高いということをしっかりと認識し、コースの下調べを念入りに行なったうえで、現場ではより慎重なルートファインディングをしながら行動しよう。

低山は地形が複雑なうえに樹林で視界がさえぎられて迷いやすさがアップする

深山での道迷いはリカバリが困難

南アルプスや、東北の朝日《あさひ》連峰、飯豊《いいで》連峰などは山域が広大で山深いが、一般登山道は比較的よく整備されている。普通に歩いている限り、道を間違えることは少ないだろうが、それでも毎年数件は、道迷い遭難が発生している。そして気になるのは、行方不明者がしばしばあることだ。

たとえ整備された道であっても、道を間違える可能性はゼロではない。

そして、これら広大な山域の山で間違えた場合は、より早く気付いて、リカバリする必要がある。引き返すにも、森が深くてわかりにくいし、体力も消耗しやすい。歩く登山者も少なめで、おそらく携帯電話も通じない。尾根を登っても、山の広大さに対して登山道は少なく、道に合流しないこともある。家族から救助要請が出されたとしても、捜索範囲が広すぎて発見できない可能性も高い。P46で紹介したリカバリの手段の多くが実践できない状況に追い込まれてしまうことになる。

特に南アルプスでは、捜索をしてもまったく手掛かりがなかった行方不明者が、しばらくして離れた場所で遺体となって発見された例もある。道迷いの末、山中を彷徨して力尽きたのだろう。

おそらく、ほかの行方不明者も同様の結末を迎えているのではないだろうか？　そういう結末にならないためにも、絶対に道迷いは避けたいシチュエーションだ。特に単独の場合には細心の注意を払おう。

滑落や転落に結びつく高山や岩山での道迷い

森林限界を超えた山、たとえば北アルプスの槍《やり》・穂高《ほたか》連峰などでは道迷いの件数は減り、最も多いのが滑落や転落になる。ただし、これらの山で道迷いが本当に少ないかというと、おそらくそうではない。このエリアに出向いたときは、自信なさげに行ったり来たりしている登山者をしばしば見るからだ。特に雨や霧で視界がわるいときに多い。

そういった場所は、ほとんどが岩場やガレ場だ。このような場所では、人が歩いた跡は明瞭には残らない。

そこで目印になるのが、岩に書き込まれたペンキのマークだ。けれども岩が入り組んで視界が狭い場所や、天気がわるいときには見えにくい。そもそも技術が不足していて、周囲を見渡す余裕がなく、見落としてしまう例もあるはずだ。

そして、こういったシチュエーションでの道迷いでリカバリできなかったときの結末は、滑落や転落になると思われる。実際に滑落した人で、岩場で正しいルートを見失い、気が付くとルートを示すペンキマークが遠くに見え、パニックになって落ちてしまったと口にした人もある。

同様の道迷いから滑落、転落に至ったと見られる遭難は、群馬県の妙義《みょうぎ》山など、標高は低くても岩場が多い山でしばしば起きている。

滑落・転倒・転落――ケガに直結しやすい

滑落・転倒・転落するのはどんなとき？

山の斜面を滑り落ちる滑落は、登山者の遭難原因では2番目の多さだ。6番目に多い、岩場などから転げ落ちる転落と合わせて転・滑落と呼ばれることもある。ここでは3番目に多い、その場で転ぶ転倒も含めて考えてみる。

転倒、転・滑落とも、移動中に不意にバランスを崩すことで起きる。その原因の一つは、登山者自身に起因する。

移動中に意識する、しないに関わらず、まずは足や手を進める場所を目で見て観察する。次にその観察の結果から、手足の置き場所や体をどのように動かすかを判断する。それに基づいて実際に体を動かし、手足を進めていくことになる。この観察、判断、動作のサイクルを繰り返し、山のなかを移動していく。このときに観察不足だと、スリップしやすい濡れた木に足を乗せてしまったりする。また、判断が甘ければ体重を支えることのできない木をつかんだりするし、岩を乗り越える動作ができなければ、岩場で行き詰まって転落することになる。このように、確認、判断、動作のサイクルのどこかにミスや無理が生じることが、転倒や転・滑落に結びついていく。

そのようなミスは、さまざまな原因で生じる。初心者のうちは知識や経験が不足していて、観察や判断のポイントがわからないし、効果的な体の動かし方も知らないため、不意にバランスを崩して転倒することも多いはずだ。

疲労が激しいときも観察や判断が中途半端になるうえ、正確な動作ができなくなってきてバランスを崩しやすい。あとは岩場やヤセ尾根など、高度感を感じる所では、苦手意識や技術の未熟さから、正しい観察、判断、動作ができない場合もある。さらに経験豊富な上級者であっても、時間に追われて焦ると、ミスをしてしまうこともあり得る。

装備の不備も、バランスを崩す大きな原因だ。特にダラリと結んだシューズの紐や、ゴチャゴチャとザックに外付けした装備などは、木や岩角に引っかかることがあって危険だ。

バランスを崩す外的要因としては、登山道そのものの難しさがある。いわゆる難所と呼ばれる岩場やガレ場、ザレ場などで、適切な対処方法を身につけていないとバランスを崩しやすい。悪天候も大きく影響する。濡れた岩は滑りやすいが、それ以上に危険なのは風だ。特に森林限界上では、強風で体を煽られると致命的な転滑落に結びついてしまうことがある。

もう一つ気をつけたい外的要因は、ほかの登山者だ。すれ違いのときに接触したりしてバランスを崩し、転・滑落する例は多く、注意が必要だ。

いきなりバランスを崩すとき

前ページでは転倒、転・滑落をする原因をみたが、次はどのような場面でそれらが起こるのかを考えてみよう。

私は現在、登山ガイドの仕事をしているが、今から10年ほど前、ガイドになりたての3カ月くらいは、お客さまの前でよく転倒した。それは、いつも後ろを振り向こうとしたときだった。ガイド登山の最中は、お客さまの様子を確認するために、何度も後ろを振り向かなければいけない。慣れていなかったその頃は、何か気になると足元も見ずにすぐ後ろを向いて、そのたびによろめいていた。バランスを崩す三つの原因でいうと、観察ができていなかったことになる。

また、山でときどき滑落者に出くわすことがある。特に記憶に残っているのは兵庫県の須磨《すま》アルプスでの出来事だ。

そのとき私は、須磨アルプスの難所・馬の背を通過して、その先の東山のピークで風化の進んだ馬の背の全容を撮影していた。するとそちらの方向から、「助けて〜」という叫び声が響き渡った。目を凝らすと、明らかに登山道から外れた風化した急斜面の上に、登山者の姿が見えた。どうやら滑落してしまったようだった。急いで引き返し、登山道から斜面を慎重に下って滑落者と合流。目立ったケガはなかったので、手助けをしつつ登山道まで登り返した。

ひと息ついてから、落ちた地点を一緒に確かめたが、確かに足元は切れ落ちているものの、広い平坦地の一角に過ぎず、普通は落ちるとは考えられない場所だった。しかし、その人は写真を撮ろうと足元を見ずに前に出て、そのまま落ちてしまったという。これはそもそも、観察すらしていなかったパターンだ。

また、数年前に北アルプスの大日三山《だいにち》を縦走したときには、目の前で滑落した人を3人も目撃した。登山道の片側は、実際は急な斜面になっていても、草や灌木が生えて地面がありそうに見える所が多い。このときは3人ともそういった所に足を運び、体を支えることができずにバランスを崩していた。三つのミスでいうと、判断が間違っていたといえる。このときも3人に目立ったケガはなく、特に大事にはならなかったのが幸いだ。ちなみにこの3人はみな年長の女性で、いずれもおしゃべりに夢中だったように見えた。

これらの例のように、転倒や転・滑落は何の前触れもなく、いきなり起きることがある。私は背後のお客さまに、須磨アルプスの人は写真撮影に、大日三山の3人はおしゃべりに気を取られてと、いずれも不注意が原因だ。どちらかというと経験不足が大元の理由といえるもので、経験を積み重ねることで、注意すべきポイント、特に観察と判断の要領がつかめてきて、自然と防ぐノウハウは身につくのではないかと思う。私もその後は、気になってもすぐに後ろを振り向くことはせず、まずは足元を観察することを徹底するように心がけ、転倒することはなくなった。

転・滑落が忍び寄るとき

前ページのように、不注意からいきなり起きる転・滑落や転倒もあるが、登山中にさまざまな要因が積み重なって、起こるべくして起こることもある。特に危険なのは、力量を超えた難コースに向かってしまう場合だ。

たとえば、北アルプスの穂高連峰などの岩稜コースでは、転・滑落の事故が非常に多い。現地で見ても、岩場や鎖場での動作がぎこちなく、この場に来たことが間違いなのではないかと思える登山者をよく目にする。本人はステップアップやチャレンジのつもりなのだろうが、そのステップは明らかに大きすぎる。経験不足から、つかむべき岩角が観察できていないし、判断が甘く、あえて難しい登り方をしたりする。さらに動作もぎこちなく、見ていて不自然だ。

そういった登山者ほど、気持ちが追い込まれてルートファインディングを行なう余裕もないため、間違った方向へ進みがちだ。登山でのチャレンジは否定しないが、自分の力量を知って、無理のないプランニングを心がけるべきだろう。

さらに、力量はあっても心理的な要因から滑落につながることもある。私自身の道迷いの例として紹介した伯耆大山の地獄谷コースからの下山時は、実はそのような状況で滑落してしまった（P24参照）。このときは道迷いをして時間をロスし、下山を急いでいた。親指ピークという難所を通過して、稜線からの下山口となる大休峠に着いたのは、すでに16時過ぎ。そこから車を置いた登山口までは、標準コースタイムで2時間以上はかかる。暗くなる前には到着したいと考えて、休憩もそこそこにして小走りで登山道を進んだ。

この下山コースは途中、何度か小沢を横切る。そういった小沢の一つは、観察すると岩が出ていて滑りやすそうだった。しかし、スピードを落とすほど慎重に通過する必要はないと判断。そのまま踏み込んだら、ツルっと滑ってしまった。勢いがついていたため一瞬、体が浮き上がり、飛び込むように沢の下へと滑落し、頭を岩にぶつけてしまった。出血などはなく、大きなたんこぶができただけで済んだのだが、もし、それ以上のケガを負ってしまったらどうなったかと、今でも危機感を感じる出来事だった。

このときは、少し前に犯した道迷いというミス、それに起因する時間のロス、迫る日没に対しての焦りといった、心理的な圧迫感を感じていて、冷静な判断ができていなかった。今になって振り返ると、滑落するための条件が整っていたとすら思えるような状態だった。

こういった状況を防ぐには、やはり行程的に無理のないプランニングをすることだ。そして行動中のタイムマネジメントも重要になる。焦りを感じる心理状態では、正しい判断はできないものだ。正しい判断ができなければ、行動にさまざまなミスが生じることになる。焦りは遭難の元凶ともいえるものなので、回避するための努力が必要だ。

すれ違いでは特に注意が必要

転・滑落をする外的要因で、特に注意したいのはすれ違いだ。すれ違いのときに相手を避けようとして足を踏み外したり、登山者同士が接触してバランスを崩し、滑落してしまうことは少なくない。

そういった危険を避ける基本として、「すれ違いのときに待つ登山者は、谷側ではなく山側に立つ」ということがいわれている。ただし、実際の山では谷側に立って待つ人はとても多い。「しっかりと足場を確認しているから大丈夫」とか、「広い場所なのでどちらに立っても変わらない」という考えだろうが、山では、絶対に安全ということはあり得ない。

そういう私も、かつてはこの基本を厳密には捉えていなかった。しかし、南アルプスの北岳の登山道で、目の前で落ちた登山者を目撃し、山側で待つことの大切さが心に刻み込まれた。

このときの場所は、大樺《おおかんば》沢左俣コースの上部。急斜面に設置された丸太の階段と、小さな平坦地とが交互に現われる区間だ。八本歯《はっぽんば》のコルをめざす私の前を、やや年長の女性が登っていた。その女性が平坦地に出たとき、同じタイミングで上から若い男性が下ってきた。女性は立ち止まって「どうぞ」と声をかけて道を譲ったが、立ったのは谷側だった。男性は「ありがとうございます！」と口にして、勢いよく女性の脇を小走りで通り過ぎようとした。しかし、その瞬間、砂利で足を滑らせてスリップ。谷側で待つ女性を蹴飛ばすようにして、二人一緒に平坦地から飛び出してしまったのだ。
急いでその場に駆け寄って見下ろすと、幸運なことに、二人ともすぐ下の木に引っかかって止まっていた。私もサポートしつつ、慎重に登山道に戻った二人には、いずれも目立った傷はなかったものの、大事故になる一歩手前だった。

この出来事を目撃し、やはりすれ違いで待つ場合は、必ず山側に立つべきである、ということを痛感した。いくら足場がよくても、通過する人が滑落したら巻き添えをくらってしまう。

一方、通過する側は絶対に急ぎ足にはなってはいけない。相手を待たせるのは申しわけないという気持ちから、小走りする人は多いが、慌てるとどうしても動作が雑になって危険だ。

古くからいわれる、すれ違いのときには登りが優先、ということも、一応は安全のための基本だといえる。登りと下りを比較すると、下りのほうがバランスを崩しやすく、滑落した場合は下にいる人を巻き添えにする可能性が高まるからだ。さらに下る人のほうが視野が広く、より安全に待てる場所を発見しやすい。

しかし、例外もある。それは下る人の待つ場所が狭かったり、不安定だったりする場合だ。そういったときは下りを優先しないと、無理なすれ違いをすることになってむしろ危険となる。したがって、登り優先を基本としつつ、登山道の状態を確かめたうえで言葉を交わし、どちらが先に通過するかを臨機応変に決めるのが安全だ。

転倒を防ぐことで安全性を高める

落ちる距離が長い滑落や転落とは異なり、その場で転ぶ転倒は、大きなダメージを受けることは稀だと、軽く考えがちだ。けれども頭をぶつけて大出血したり、足首をひねって捻挫をしたりして、その後の登山続行が困難になることは多い。

骨折をすることも多く、下っている最中にスリップし、尻もちをついただけで腰の仙骨などを折る人もいる。それ以上に多いのが、手首の付け根の骨が折れる、橈骨遠位端骨折《とうこつえんいたんこっせつ》だ。これは転倒をしたときに手をついたり、トレッキングポールのストラップに入れていた手首を強くひねって折れるもの。特に50歳以上の女性は、一見元気で丈夫そうに見えても、骨密度が低下していて骨が弱い人もいるので注意しよう。

滑落や転落を防ぐのも、まずは転倒しない歩き方を身につけることが大切になる。2～3歩先の路面状況を観察し、左ページのような場所が現われたならば、特に注意して足を運ぼう。

そして、もし転倒してしまったら、確認、判断、動作のどこに問題があったのかをチェックしよう。どうすれば同じミスをしない歩き方ができるかを、納得いくまで考えてほしい。それを繰り返すことで経験値が積み上がり、自分のクセや弱点などがわかるようになり、バランスを崩さない安定した歩き方が身につくはずだ。

転倒しやすく、注意を要する場面

木道

1

濡れていると特に滑りやすい

木の根

2

フリクション利かず滑りやすいうえ、足を引っかけやすい

濡れた岩

3

不意に手足がスリップすることがある

浮石

4

不用意に足を乗せるとバランスを崩す

一枚岩

5

ソールのフリクションを利かせないと簡単にスリップする

砂利

6

足を取られて転倒しやすい

落ち葉

7

そのものが滑りやすいほか、下に浮石や木の根があることも

ガレ場

8

岩の破片が積み重なってバランスを崩しやすい

滑落・転倒・転落を防ぐ動作

歩行時の基本動作は、体重を乗せる足の真上に腰を移動させ、鉛直方向に荷重する。このとき、上半身はグラつかないように注意。軽く腕を組むのもいいが、不安定な斜面ではバランスを取るために腕は開き、必要に応じて左右の木や岩をつかむようにしよう。

スリップを防ぐ足運びの基本は、フラットフッティングだ。これはシューズのソール全体を地面に均等に接地させることで、フリクション（摩擦力）を高め、滑ることを防ごうという技術。普通に足を運んだ場合、登りでは爪先が、下りでは踵が先に接地するはずだ。それを避けるために、登りでは爪先を上げ、心持ち踵から接地させるようにする。また下りでは爪先を下げ、心持ち爪先から接地させるとフラットフッティングしやすい。

石の破片が積み重なったガレ場では、真上から石を抑え込むような気持ちで足を運んでいく。また地面が軟らかいザレ場では、砂にシューズをめり込ませて、やはり真上から体重をかけると安定する。落ち葉が積もった登山道では、落ち葉のなかにシューズを潜り込ませて、落ち葉の下の浮石や木の根を、足の裏で探るようにして進もう。

岩場での基本の動作は、三点支持だ。まずは両手両足の4点で岩に取り付き、安定した姿勢をとる。そして、動かすのは常に手足4点のうちの1点のみとし、残った3点は岩を捉え続ける体の動かし方だ。万が一、支えている3点のうちの1点が不意にスリップしたり、岩が欠けても残った2点と、動かしている1点とを使って体が落下することを防ごうという考えだ。

また岩場では、体が伸びきると足への荷重が外を向いてスリップしやすくなるばかりか、上半身が岩にへばりつき、視野も狭まって危険だ。そこで三点支持で手足を動かす際には、登りではまず足を先に上げるようにしよう。逆に下りでは、手から下げていくと、伸びきることを防ぎやすい。

鎖場では、通常は鎖を積極的に使うことはせず、補助的に一部分だけ使ったほうが安定する。鎖は完全に固定されていないため、体重をかけると体が振子のように振られるからだ。ただし群馬県の妙義《みょうぎ》山のような、手掛かりの乏しい一枚岩に鎖がかかっている場合は別だ。これは両足を開き、両手で鎖を握って三角形の体勢を作り、手のなかの鎖を送るようにして登り下りする。

なお、一部の鎖場ではハーネスに結束したスリングの先端にカラビナをセットし、そのカラビナを鎖にかけて落下を防ごうという、いわゆるセルフビレイシステムを利用する登山者がいる。しかし衝撃荷重を吸収できないスリングでは、墜落時に体が大きなダメージを受ける可能性が高い。さらにカラビナの掛けかえに時間を要するため、危険箇所にとどまる時間が長くなるばかりか、後続する登山者を危険にさらすことにもなる。一般登山道の鎖場で、この方法を利用しなければ不安というのならば、そのルートを登るには技術が不足している。さらに経験を積み重ねてからめざすようにするべきだ。

体のトラブル——少しずつ増えている遭難原因

登山での身体的負荷

登山者の遭難原因で病気は4番目、疲労は5番目に多く、その件数は増加傾向だ。登山者が救助を求めるほどの病気や疲労といった体調不良に至る要因の一つは、環境にある。山の環境の最大の特徴は低酸素だということ。気圧は標高1800mで平地の約8割、標高3000mでは約7割に下がり、それに対応して酸素分圧も下がって高山病などを引き起こす原因になる。

山では気温も低い。目安として、標高100m上がるごとに約0・6度気温が下がる。そして冷たい空気は、含む水蒸気量も少なくなるため、空気は乾燥する。

この低酸素、低温、乾燥の3つの環境的要因が、山では登山者の体に負荷をかけ続けている。

体調不良に至るもう一つの要因が、運動負荷だ。長時間荷物を背負って、不整地の坂を登ったり下ったりと、日常生活にはない運動をすることも、体にとっては大きな負荷となる。

そして、遭難者の年齢層のボリュームゾーンが60〜70歳代であることから、それら高齢登山者の一定数が、環境と運動の身体的負荷に起因する、体調不良を引き起こすことが多いと思われる。

登山時に発症しやすい主な病気

登山中に発症することが多い病気には、標高の高い山で頭痛などが起きる高山病、体温が上がったまま体温調整ができなくなる熱中症、正常な身体機能が働かないほど体温が下がる低体温症の3つがある。症状の特徴と、応急手当ての方法についてはP162以降に記した。

この3つは、症状が軽いうちに対処すれば回復しやすいので、予兆を見逃さないように。また、3つに共通する原因として、水分不足がある。防ぐには、1時間に体重（kg）の5倍（mℓ）の水分補給をすること。水だけでなく、電解質も補給するためにスポーツドリンクも併せて飲もう。

突然胸が痛みだす心臓疾患や、強い頭痛やめまいが生じる脳卒中も増えてきた。この二つは応急手当てが困難なうえ、そのまま命を落とす「突然死」にも結びつく危険なものだ。多いのは心臓疾患で、発症者の大半が中高年の男性だ。特に喫煙者や高血圧の人がなりやすいとされる。

さらに、呼吸器疾患、心臓病、高血圧、糖尿病といった持病のある人は、登山中にその症状が悪化すると考えられる。普段の生活で症状がコントロールできている人であれば、ゆっくりと余裕をもったプランでの登山は可能だが、慎重に取り組むようにしたい。

これらの病気を防ぐには、まずは自分の健康状態を把握するために定期的に健康診断を受けること。そのうえで自分の体調や体力に合った、無理のないプランニングを心がけることが重要だ。

持病は自己管理が重要

持病をもつ人は、主治医の確認を得れば登山が可能だと考えるだろう。しかし、主治医が山や登山の知識をもっていなければ判断を誤ることもあり、注意が必要だ。5年ほど前に、私がガイドとしてお客さまをご案内した富士山のツアーで、そのような問題が起きたことがある。

そのツアーのコースは、富士宮口六合目から宝永《ほうえい》噴火口を横断して、御殿場《ごてんば》口登山道へと合流する、通称「プリンスルート」だった。昼頃に富士宮登山口を出発し、予定どおり御殿場口六合目を通過。間もなく宿泊予定の山小屋に到着しようというときに、参加者の一人の女性が、倒れるようによろめいて、登山道にしゃがみ込んだ。急いで近づき、様子を見ると顔面蒼白だ。高山病を疑って、深呼吸をするよう促したが、そうではないという。メニエル病の持病があって、その発作が起きた、とのことだった。

メニエル病とは、発作時に回転性の激しいめまいと、吐き気の症状が出る病気で、30分以上そういった状態が続く。登山道の脇に腰かけてもらい、水を飲ませながら、富士山に登ることを主治医に相談したのかと聞くと、

「登山ガイドが同行する、旅行会社のツアーだったら問題ないでしょう。あなたの発作はだいたい30分で治まります。症状が出たらそのことをガイドに伝えて、症状が消えるまでの間、休ませても

らえば大丈夫ですよ」

と言われた、との返事だった。

けれども、登山では、パーティの足並みをそろえて歩くことが安全管理上大切で、発作のたびに一人だけを30分休ませることは難しい。だからといって、その都度、全員で休むことも不可能だ。30分は街ではわずかな時間かもしれないが、登山ではその時間を失うことで、登頂の可能性を下げるばかりか、安全性を大きく左右することにもなってしまう。

このときは山小屋が近かったので、何とか対応できたものの、もちろんこの女性には翌朝の登頂を断念していただいた。そしてこの一件以降、持病がある人が主治医から登山の確認を得たとの申し出があっても、慎重に対応するようにしている。

現在は代表的な持病である高血圧や糖尿病の人が増えている。厚生労働省によると、20歳以上で糖尿病が疑われる人は1000万人を超え、年齢が高くなるにつれて、その割合が増加しているという。それら糖尿病の人は、健康維持のために自発的に登山やハイキングを行なう人が多いほか、医師からのすすめで始める人もあり、今後もその数は増えるだろう。

ただし、症状が悪化したとしても、山ではすぐに救助はできない。同行者やガイドも、適切な応急手当てを行なうには無理がある。持病のある登山者は、自分自身での体調管理が重要であり、症状をコントロールできる範囲内でのプランニングも、必須の条件ではないだろうか。

行動できないほどの疲労を防ぐには

登山では確実に登れる山やコースを選び、自分の力で山頂に立って下山するのが大原則だ。しかし、最近は行動途中に疲労したという理由で救助要請をする例が増えている。

行動できないほど疲労する原因の一つには、初心者が背伸びをして、自分の体力を超える山を選んでしまうことがある。確かに目標の山を登るときに必要になる体力は、具体的に把握しにくい。従来から使われていて、今も主流といえる体力度を示す方法に★マークがある。これは5段階、もしくは3段階で体力の度合いを示すものだが、基準がややあいまいだ。

そこで、近年活用され始めているのが、鹿屋《かのや》体育大学の山本正嘉教授が考案したコース定数だ。登山コースの行動時間と距離、それに登りと下りの負荷を標高差から割り出して算出したもので、数字が大きいほど体力が必要なことを示す。さまざまな登山コースを同一条件で数値化しているので比較しやすく、行動中のカロリーと水分の摂取量の目安にもなる。ぜひ活用しよう。

疲労者増加のもう一つの原因は、高齢の登山者が増えたことにもあると思われる。特に長く山を続けてきた人ほど、自分の力量を高く、山の難易度を低く見積もってしまう傾向がある。残念ながら加齢による体力の衰えは避けられない。年齢に応じた、無理のない山を選ぶようにしたい。

プランニング以外で行動できないほどの疲労を避ける方法としては、体力をしっかりと身につけることが基本だ。ただし、登山で求められる体力というのは、単に身体能力だけではない。

まずは呼吸法から始まり、ペース配分の作り方、無理のない歩幅のとり方、鉛直方向に荷重をかける姿勢といった、体の使い方がある。そして長時間に渡って体を動かし続けるための、適切に水分とカロリー、塩分を補給する技術もある。

さらに疲労しにくいパッキングの技術や、体に合ったウェアやザックの選択といったことまでが含まれる。ひとつひとつは細かいが、それぞれが重要な役割を果たす技術の集合体なのだ。

したがって、体力を身につけるために、運動負荷をかけるトレーニングを行なうだけでは効果は限定的だ。古くから言われるとおり、易から難へとステップアップしつつ、実践のなかで体力と、それを支える技術を身につけるようにするのが最適だ。

コース定数

コース定数 ＝ 1.8 × 行動時間（h）（時間の要素）＋ 0.3 × 歩行距離（km）＋ 10.0 × 登りの累積標高差（km）＋ 0.6 × 下りの累積標高差（km）（距離の要素）

「コース定数」×（登山者の体重＋装備の重さ〈kg〉）＝行動中のエネルギー消費量（kcal）
「コース定数」×（登山者の体重＋装備の重さ〈kg〉）＝行動中の脱水量（ml）

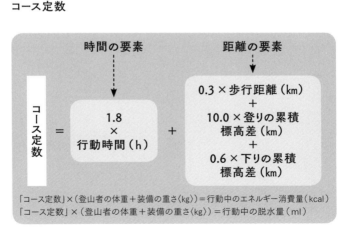

悪天候による遭難——重要なのは引き返す決断力

ミスが許されない悪天候時の登山

遭難原因のなかで悪天候は7番目の多さだが、その人数は年によってバラつきがある。それは気象条件が毎年異なるからで、晴天日が多い安定した年であれば、悪天候による遭難は少ない。また、雨が多い冷夏の年も、山に行くことを控える登山者が多く、遭難件数はさほど多くはない。問題なのは、都市部は比較的天気がよくても、山の天気が不安定な年だ。日常生活では天気がいいので山も同様と考えて登山に向かったところ、稜線上は荒れた天気、というときが危険だ。

悪天候時には、複数の登山者が一度に遭難することが多い。特に大人数のパーティが悪天候に遭遇すると遭難人数が増える。このことも年によるバラつきを大きくする一因となっている。

そもそも、悪天候時の登山は危険をはらむ。雨が降っているときは岩場が濡れて滑りやすくなり、普段に増して転倒や転・滑落の危険性が高まる。樹林のなかでも、濡れた木の根や木道は滑りやすく、スリップして手足を骨折してしまうこともある。また、水を含んだザレ場、土の斜面も滑る。風が強ければ、体があおられてバランスを崩す原因になる。このようなときはいつもよりゆっくり歩き、より丁寧な観察、判断、動作のサイクルを繰り返さなければならない。

また、視界もわるいので、標識の見落としなどによる道迷いにも、より注意が必要だ。風が強ければこまめに地図を確認することも難しい。要所要所でしっかりとコースを頭に叩き込んだうえで、より慎重なルートファインディングで進むことになる。

できれば悪天候時の登山は避けたいものだが、実際はそうもいかない。たとえ晴天日を狙ったとしても、予想外の雨に降られることは必ずある。特に夏山で3日以上の縦走をする場合は、1日や2日は雨に降られる。そう考えると、雨の日の登山の経験も重要だ。ときにはあえて雨の日に、トレーニングのつもりで近場の山に登ってみるのもおすすめだ。行き先は、岩場のない森林限界以下の山がいい。そういった山行のなかで、歩き方やスピーディなレインウェアの着用など、雨の日ならではの行動のコツを身につけていこう。

強い風雨のなかを行動する場合は、真夏であっても低体温症に陥る危険性がある。気温が高いと油断しがちだが、風が強ければ体感温度は下がる。レインウェアは雨や風が入り込まないようきちんと着用し、エネルギー不足を防ぐために食事もしっかりとったうえで、休憩は少なめにして、体温を下げないよう速やかに行動しよう。森林限界を超える稜線では、歩行中に風にあおられることによって転倒、転落する危険性もある。特に体重の軽い女性は風で体が浮きやすい。ザックカバーが風をはらむこともあるので、思いきって外してしまうのが無難だ。

悪天候時は引き返す判断が重要

私自身も、悪天候時に少し無理をして山に向かうことはある。各種の気象情報を見て、次第に天候が回復してくると予想した場合だ。その場合は、事前に進退判断をするポイントを考えておき、そこを通過する際に登り続けるかどうかを検討する。

判断ポイントの一つは、森林限界を抜け出る地点。これより上に出るとさえぎるものがなく、風の影響を強く受けるからだ。

進退判断ポイントのもう一つは、登山道が尾根に上がる地点。やはり風の影響が強くなることが多いからだ。コースによってはそういう地点は何度も現われるので、その都度判断する。特に主稜線上に出るときは、一気に風雨にさらされる可能性があるので、慎重に判断する。

この二つの判断ポイントを通過して先に進むことにより、低体温症や転滑落のリスクが高まると予想したならば、たとえ山頂間近であっても、登頂を断念して下山するのは言うまでもない。

さらに判断が難しいのは岩場の山だが、同行者の力量が高い場合には、小雨程度であれば行動することは多い。しかし雨粒を感じるほどの雨であれば行動はしない。ルートファインディングを行なうにも、雨粒が目に入ったら困難だからだ。

また、気象庁による悪天候を知らせる情報が出た場合には、行動するかどうかを慎重に検討する。

まず、早期注意情報が出ている場合はプランニングそのものを見直す。大雨や暴風、洪水などの特別警報や警報の場合には、行動はしない。

注意報も、大雨や洪水などであれば基本は行動せず、雷注意報の場合は、警戒しつつ慎重に行動する。

風や雨の場合、具体的には風速15m、1時間雨量20㎜を目安に行動を中止する。

風速の目安

風速	一般的な表現	状態
0～3m	無風～弱い風	静穏～風を感じる程度。 湖面にさざ波～小波が立つ程度
3～5m	一般に「風が吹いている」というとき	部屋にいても屋外の風がわかり始める
5～10m	一般に「風が強まってきた」というとき	砂ぼこりが立ち、屋外の物が風で音を立てる
10～15m	やや強い風	傘を差しづらい。電線が鳴き始める
15～20m	ビュービュー吹く風	連続的に風の音がする。 高速道路で車が横にあおられる
20～30m	ゴーゴーと吹く風	立っているのが困難。 弱い建物の外装が壊れ始める
30m以上	恐怖を感じる風	木造住宅が壊れ始める

雨量の目安

1時間雨量	一般的な表現	状態
10～20㎜	ザーザーと降る	地面からの跳ね返りで足元が濡れる
20～30㎜	土砂降り	傘を差していても濡れる。 地面一面に水たまりができる
30～50㎜	バケツをひっくり返したように降る	道路が川のようになる
50～80㎜	滝のように降る	ゴーゴーと降り続く。水しぶきで辺り一面が白っぽくなり、視界が悪くなる
80㎜以上	恐怖を感じる降り方	息苦しくなるような圧迫感がある。 大規模な災害が発生する恐れが強い

気象情報の入手法

明らかに悪天候が予想される場合の、気象庁から発せられる注意報や警報については前ページに記したが、通常はそれ以外の気象情報を確認する。私がチェックするのは主に次の4つだ。

まず確認するのは、普通の天気予報。1週間先の予報も発表されるので、天気の見通しをある程度立てやすい。見るのは目的の山を挟んだ麓の2点。たとえば尾瀬の至仏山に向かう場合には、群馬県のみなかみ町と、福島県の会津若松市を見る。ただし、これは山麓の都市部の予報にすぎない。P74で述べたように、悪天候で遭難が多いのは、都市部と山の天気が異なる場合であり、この予報だけを元にして判断するのは危険だ。また、週間予報の1週間先の予報は精度が低い。あくまでも天気の傾向をつかむといった程度の利用にとどめておいたほうが無難だ。

次にチェックするのは予想天気図。これは48時間先の予想図が発表される。最も簡単な見方としては、目的の山の上に高気圧があれば晴れ、低気圧や前線があれば雨の可能性が高いと判断する。さらに低気圧が東にあって、等圧線の間隔が狭いときには、山は悪天候で風が強いことなども予測できる。天気図は一見難しそうだが、ある程度理解できれば、「晴れ」や「雨」といった単純な天気予報よりもはるかに有効だ。わかりやすい解説書も多く出ているので、ぜひ見方を学んで、活用できるようにしたい。

山行の前々日、前日には、山岳専門の気象予報サービス「ヤマテン」で山頂の予報が発表されるのでチェックする。これは有料ではあるが、山の地形を反映した具体的な天気予報だけでなく、予想される危険も知ることができて、信頼性が高い。私は登山前の最終的な判断で、予定どおり山へ向かうか、中止するかを考えるときに、この「ヤマテン」の予報を必ず確かめている。

最近は、山岳地帯での携帯電話の通話エリアが拡大してきた。実際の登山中は、スマートフォンの回線がつながるようであればリアルタイムで接近する雨雲が表示される、雨雲レーダーをチェックする。直近の予報となるため、ここで得られる情報はかなり正確だ。なお、このときに局地的な雨の可能性がある場合には、60分先までの詳細な情報を知ることができる「高解像度降水ナウキャスト」をチェックする。また、気温や湿度、風速を知りたい場合には「GPV気象予報」も見る。

それぞれ特徴を知って、使い分けるといい。

ただし、実際は山のなかではインターネットが使えないことも多い。その場合はP84で述べる、観天望気を積極的に活用する。

また、インターネット上で発表されている山の天気予報のなかには、信頼性の低いものもある。特に全国各地の多数の山頂の予報を無料で出している場合は、地形要因を無視した機械的な予報であり、危険ですらある。山麓の予報を、山頂の予報のように思わせる予報も存在するので、利用するときは小さな注意書きも確認しよう。

雷の恐怖

山の悪天候で最も恐ろしいのは雷だろう。森林限界上で遭遇すると生きた心地がしない。

私も登山を始めて間もない頃、一人で南アルプスの縦走に出向き、上河内《かみこうち》岳の山頂直下で激しい雷雨に遭遇したことがある。このときは窪地に伏せてやり過ごしたが、上からも横からも下からも光る稲妻を間近に見て、生きて下山するのは無理かもしれない、とまで思った。

雷を避ける基本は、行動しないことだ。雷注意報が出る日は充分に注意し、雷鳴が響き渡るときは山小屋などに避難すること。それを徹底するしかない。

ただし、そうはいっても山頂を目前にしたときなどは、引き返すのが難しいかもしれない。ガイドになって3年目の夏、やはり南アルプスの聖《ひじり》岳を登るツアーの引率をしたときがそうだった。

このときは山頂の10分ほど手前で、雲の様子や遠くの雷鳴から間もなく雷雨がやってくると判断。お客さまに下山を促したが、どうしても聞き入れてもらえなかった。やむを得ずそのときは登頂し、頂上滞在5分のみで下山を開始。それでも安全地帯にたどり着く前に、雷雲はやってきた。結局、落雷と落雷の間隙を縫って稜線を駆け抜け、何とか窮地を脱したが、非常に危険だった。

山で雷を察知するのに、最も手軽な方法は観天望気だ。発達し始めた積乱雲を目で見てもわかるが、それ以前にも、谷間から温かな空気が立ち上ってきて、小さな雲がもくもくと出始めるとその後、積乱雲に発達する可能性が高いので警戒したほうがいい。雷鳴も聞き漏らしてはいけない。特に風上側から聞こえる場合は、それほど時間を置かずに頭上にもやってくると考えよう。インターネットに接続できる場合であれば、スマートフォンで雷レーダーをチェックするのも有効だ。

雷のときに危ないのは、突起状のもの。金属など材質は関係なく、尖ったものに落雷する。ザックにつけたトレッキングポールが突き出ていると、そこに落ちる危険性が高い。もちろん立っている人の体そのものにも落ちるので、しゃがみこんで頭を低くしてやり過ごす。このときは両方の手のひらで耳をふさぐこと。近くに落雷した場合に、鼓膜が破れるのを防ぐためだ。

山頂や森林限界を超えた尾根にいるときは特に危ないので、側面を10m以上下り、窪んだ地形かハイマツのなかに入り込んでやり過ごそう。

また、高い木に落ちると放電現象により、近くにいただけでダメージを受ける可能性がある。木の幹から4m以上離れて、さらに木のいちばん高い部分を45度以上の角度で見上げられる範囲で姿勢を低くすれば、自分への落雷と木に落雷した場合の放電現象との両方を避けられる可能性が高い。

雷の活発なときは、連続して3時間以上も雷鳴が響き渡ることもある。多少でも活動が弱まったタイミングを見計らって離脱するか、留まって待つかの選択になるが、どちらもリスクがあるので、落雷の状況を見て慎重に判断したい。いずれのときも複数人いる場合は固まらず、2m以上離れて待機すること。落雷した際に、全員が同時に被雷するのを防ぐためだ。

沢の増水

悪天候時にもう一つ注意が必要なのが沢の増水だ。普段は意識しないような小さな沢も、大雨のときには濁流になることがある。

沢で増水しやすいのは、周囲が開け、岩盤の発達した沢だ。こういった沢では、大雨が降ると一気に増水する。しかし、平水に戻るのも早いので無理な徒渉は避け、その場で待機するのがいい。

一方、樹林帯を流れる沢は増水しにくいが、増水した場合には平水に戻るまで時間がかかる。時間の余裕がないときは、何とかして徒渉したいと考えがちだが、増水している沢の流れは、平水のときよりも明らかに強い。そういった沢で、膝より上まで流れに浸かって徒渉するのは非常に困難だ。したがって、このときも平水に戻るのを待つのが基本だ。

しかし、下山が間近なときには判断が難しい。登山口を目前にして増水した沢が現われても、待つという判断ができずに、無理に渡ってしまうことが多いので注意したい。

私も同様の場面に遭遇したことがある。それは東北の大朝日岳《おおあさひ》からの下山のときだった。その日はツアー登山で、コースは大朝日小屋を出発して西朝日岳を越え、バスの待つ日暮沢《ひぐれさわ》小屋へ下山するというもの。朝から強い雨が降っていたものの、コースの大部分は尾根上だ。特に不安は感じずに、予定どおりに歩いて下山したのだが、日暮沢小屋の駐車場に迎えのバスはいなかった。

おかしいと思い、下の林道の様子を見に行って愕然とした。少し先の林道上にバスは来ていたのだが、我々との間に茶色い濁流があったのだ。普段は水量の少ない日暮沢が、朝からの大雨のために増水していたのだ。

結局、このときは少し水が引くのを待って仲間のガイドが徒渉をし、ロープを固定。それを伝って、全員が無事に通過した。

ちなみに増水した沢では、ロープを使っても徒渉が困難なことが多い。ロープで体を固定すると、流されたときに体が水中に引き込まれて、身動きがとれなくなってしまうからだ。状況に応じてロープを緩めるなど、臨機応変なテクニックが必須となる。ロープがあれば何とかなる、と考えるかもしれないが、徒渉のロープワークに熟練していないと、むしろ危険なだけだ。パーティにそういう技術を身につけている人がいない限りは、ロープを使っての徒渉は絶対に避けよう。

また、日暮沢は樹林帯を流れる沢だ。先に述べたように増水はしにくいが、増水した場合はなかなか水が引かない。本来であれば、日暮沢小屋で水が引くのを根気よく待つのがベストの判断だったのではないかと思う。

このように沢の横断点というのは、悪天候時には増水によって難所に変わる。準備の段階で地形図を確認し、横断点にマークを入れておくようにしたい。さらに各種気象情報から大雨が予想されるときには、登山中止やコース変更、登山中であれば小屋での待機などを考えるようにしよう。

五感を駆使する観天望気

観天望気とは、現場で観察した自然現象からその後の天気を予測する技術だ。気象情報を入手できない深山の縦走時に頼りになるほか、天気予報では伝えられない、局地的な悪天候を予測するのにも有効だ。基本的なものは、ぜひ知っておこう。

観天望気には二つの方法がある。一つは雲の形や空の色などの観察により、天気を予測すること。雲には基本の10種類があるが、特にそこまで覚える必要はなく、日傘やレンズ雲などの特徴的なものを知っておくだけで充分に役に立つ。

もう一つは、古来から人々が言い伝えてきたことわざに近い伝承で、動物の行動などから判断する。一見、占いのようにも思えるが、科学的な根拠があるものも多いという。標高の高い山で使えるものは少ないが、低山や山麓ではよく当たる。

私自身は観天望気をかなり活用する。雷雲接近を知る以外にも、局地的な大雨の接近も知ることができる。危険な状況が差し迫ってきたと思われるときには、天気予報以上に自分の観天望気のほうを重要視するといってもいいくらいだ。

観天望気は目で見ての観察のほか、風や肌で感じる空気の温度差、場合によっては匂いなど、五感を駆使し、経験を積むほど精度は上がる。私のよく使うものを挙げるので、参考にしてほしい。

代表的な観天望気（雲や空の様子）

日暈→翌日は雨になる可能性が高い

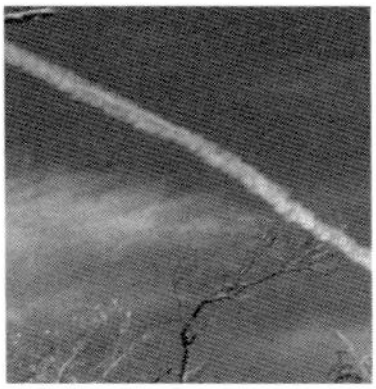

消えない飛行機雲→翌日は雨の可能性が高い

くらげ雲→天候急変の可能性が高い

朝焼け→早ければその日のうちに雨になる

稜線の片雲→午前中から雷になる可能性がある

レンズ雲→間もなく風が強まり荒れる可能性あり

雷や局地的豪雨を予測する観天望気

❶積乱雲がどんどん大きくなってくる
❷黒い雲が近づいて周囲が暗くなってくる
❸急に冷たい風が吹いてくる
❹雷鳴が聞こえてくる→**この時点で避難開始**
❺稲光が見えるようになる→**屋外での行動は避けること**

野生動物の襲撃——習性を知って回避する

接触することを回避したいクマ

野生動物に襲われることによる遭難は、数は少ないものの、毎年一定数は発生している。山にはさまざまな動物がいるが、登山者が最も恐れているのはクマだろう。北海道のヒグマが約1万頭、本州と四国のツキノワグマが約3万頭いると推定され、その数は増加傾向だ。

クマの行動範囲は広い。春、冬眠から目覚めて動き出し、里の近くで山菜などを食べて体力を回復させる。夏になると昆虫やノイチゴなどを求めて、山岳地帯にも行動範囲を広げる。森林限界を超える高山でも姿を見るほか、海辺にいることもある。そして、秋は再び里の近くへ移動し、ドングリなど堅果類を食べて冬の冬眠に備える。堅果類が不作の年は、街のなかに出没することもある。

クマを山で見かけても、ほとんどがクマのほうから遠ざかる。ただし、視界のわるい場所などで不意に接触するとクマは驚く。襲われるのはそういったときで、人を襲った後はすぐに逃げ出す。

クマに襲われる事故が特に多いのは秋だが、春先や真夏も襲われる人は少なくない。被害を受けた人数は、少ない年で50人程度、多い年で150人程度と幅がある（そのうちヒグマは0～5件）。

被害者が多い年は、これまでに何度かあったツキノワグマの大量発生年にあたる。

死亡者数は毎年5人未満だが、命を落とさなかった場合も襲われたときには頭部や顔面を狙われることが多く、後遺症が残りやすい。


クマに襲われることを避ける基本は、接触を回避することだ。まず目的の山のビジターセンターなどで直近のクマの出没状況を確認。頻繁に出没しているならば、行き先を変更したほうが無難だ。

行動中は単独登山や2人程度の少人数のパーティの場合は、鈴を鳴らしてクマに存在を知らせるようにする。ただし鈴の効果は限定的で、人に興味をもつクマを、逆に引き寄せることになると言う専門家もある。接触の可能性が高い場所では、むしろ耳を澄ませて音を聞き、クマの存在をキャッチする努力をしたほうが確実だ。クマがいると思われるときは手を叩いたり、ホイッスルを吹き鳴らしたりと、できるだけ警戒音と思えるような音を出すといい。

ラジオも効果があるとされるが、聞き入ってしまうことが問題だ。山の危険はクマのほかにも、音を聞くことで察知できるものもあるので、ラジオは避けるべきだ。

3人以上のグループ登山の場合はクマが気配を察知して、近づいてくることはまずない。またテント泊の場合は、食糧を外に放置すると夜間にクマがあさりに来る場合があるので注意しよう。クマがいる場所では、食料とゴミはテントから離れた木に吊り下げるとよい。北海道に棲むヒグマには、あまり人を恐れない個体も多い。ビジターセンターなどでレンタルしている食料コンテナを活用し、テントから離れた場所に置こう。

　出合ってしまったら、大きな音を立てたり、急な動作をしたりして脅かさないようにしよう。通常はクマが人間を嫌がって、向こうから離れるはずだ。

　もしクマが逃げない場合は落ち着いてゆっくりとその場を離れよう。背を向けて逃げると逆に追いかけられるので、相手の様子を見ながら少しずつ後ずさりする。このとき、立ち木の裏などに入り込めるとよい。もし、至近距離で出合ってしまった場合は攻撃される可能性が高い。狙われることの多い顔面と頭部を両腕でガードして地面に伏せ、かみつかれたときのダメージを少しでも防ごう。

　唐辛子成分を含んだクマよけスプレーも効果的だが、自分が風上に立ち、安全装置を解除して、クマを充分に引きつけてから吹き付けないと効果は低く、慣れていない人が使うのは困難だろう。

私が今まで間近に出合ったクマ

北アルプス・燕岳　山頂と燕山荘の間の登山道近くで、行き来する登山者を不思議そうに見ていた

南アルプス・静高平　子連れの大きな母グマだったが攻撃性はなく、水場の近くで遊んでいた

里山に多いイノシシ

イノシシは夜行性だが、日中に姿を見ることも多い。大きな個体では体長1・8mほどで、警戒心が強く、人が接近すると突進してくることがある。オスは長い牙をもっていて、突進の際にそれで突き飛ばされると太腿などに大ケガを負う。

登山中にヤブが不自然にガサガサ動くのを見たら、そこにはイノシシなどの哺乳類がいることが多い。興奮させない程度の声を発して、こちらの存在を知らせよう。

出合ったときはクマと同様で、脅かさなければ向こうから離れるはずだ。離れないときは、ゆっくり後ずさりする。出合い頭の場合は体当たりされることがある。イノシシに道を譲るような感じで左右によけ、大岩などの高い場所に上がるといい。

イノシシのヌタ場

登山道の脇などのくぼみに、このように不自然に泥水が溜まっているのを見ることがある。これはイノシシが体についたダニを落とすためのヌタ場であり、近くにイノシシがいる可能性が高い

最も危険なスズメバチ

野生動物のなかでも、最も多くの人の命を奪っているのはハチで、刺されることによって毎年20人以上が犠牲になっている。多くがスズメバチ、次いでアシナガバチによるもので、ミツバチなどに刺されても、命を落とすことはない。一般の人が公園で刺されたり、農業従事者が刺されることが多いが、登山者も充分に警戒が必要だ。特にスズメバチは里山や低山に多く生息し、凶暴で攻撃性が強いため、最大級の注意を要する。

オオスズメバチは地中に、キイロスズメバチは岩棚の下や建物の屋根の下に巣を作り、8月から10月にかけて活動が活発化する。この時期に巣の近くを通ると、それだけで刺されることがある。

スズメバチに刺されたときの痛みは激しい。しかし、痛み以上に危険なのが体の免疫システムを混乱させる急性アレルギー反応（アナフィラキシーショック）を起こすことだ。最初に刺されたときよりも、2回目以降のほうがより症状が重くなる傾向がある。過去に刺された経験がある人は、充分に注意しよう。

スズメバチが近くにやってきて、カチカチと大アゴをかみ鳴らしつつ執拗なまでに周囲を飛び始めたら警戒のサインだ。体の動きを止めて、じっと様子を見守ること。昔から伝わる「木化け」という、スズメバチをやり過ごす方法だ。顔の間際を飛んだり、肩に止まったりしても決して動いてはいけない。また手で払ったりすると、ただちに攻撃が始まるので、絶対に避けよう。害がないとわかれば、やがて飛び去っていく。

ここでやり過ごすことができず、攻撃が始まった場合は、ほかのスズメバチも集まってきて次々と刺されることがある。非常に危険なので、走ってその場を離脱すること。そのときは手を大きく振り回して、刺されることを極力防ぐようにしよう。特に頭部を守るように。最悪なのはその場にうつぶせることで、徹底的に刺されてしまう。10カ所以上を一気に刺されて、命を落とす場合もあるので何としてでも遠くへ離れよう。およそ100mが目安だ。その後はP177で解説する応急手当てをする。

また、ハチの天敵はクマであり、クマを思わせる黒いウェアやザックはハチに狙われやすい。夏から秋の低山では、身につけないほうが無難だ。

ここも注目!

とても危険なアナフィラキシーショック

過去にハチに刺された人が、再びハチに刺された直後に、冷や汗や動悸、じんましんなどの全身症状が現われたら、アナフィラキシーショックの可能性が高い。ただちに医療機関を受診しなければ、命を落とす可能性がある。ただし山のなかでは、速やかな受診は困難だ。あらかじめ「エピペン」を医師から処方してもらえば、それを注射することで症状を遅らせることが可能だ。ただし注射できるのは自分自身に限られる。

9月に低山で見たキイロスズメバチ

出合いたくないヘビ

危険さ以上にその容姿から、登山者に嫌われる生き物の代表格がヘビだ。生息域は比較的広く、里山から低山に多いほか、気温の高い季節は標高2000mくらいで目にすることも多い。

日本に棲む毒ヘビは、マムシ、ヤマカガシ、ハブである。ハブは沖縄地方にのみ生息するが、マムシやヤマカガシは本州の山地、森林限界以下でよく見る。マムシは保護色をしているうえ、動きもゆっくりなので見つけにくい。歩いているとうっかり踏みつけることがあるし、岩場にも多いので手で触ってしまうこともある。おとなしいヘビだが、驚くとかみつく。かまれると強い痛みとともに腫れ上がるが、すぐに命を落とすことはないので落ち着くこと。

ヤマカガシは臆病なのでかまれることは少ない。しかし、不用意に近づくと飛びかかってくることもある。万が一かまれたとしても、前歯には毒はない。だが、深くかまれると奥歯の猛毒が体内に入り込み、血液に異常が生じて死亡した例もある。また、首の付け根にも毒腺をもっていて、毒液を飛ばすことがある。目に入って失明した例もあるので、近づかないようにしよう。

ヘビに対する先入観からか、暗い湿った場所を好むと思う人も多いし、そのように書いてある本もある。確かに真夏の特に暑い日などには暗い場所にもいるが、登山者が多く出合うのは、明るく、日当たりのよい場所だ。ヘビは変温動物であり、春や秋は体温を維持するために暖かな場所を好む。

雨が上がった後は、登山道上に横たわっていることも多い。

特にマムシは、開けた岩の上にいることが多い。見晴らしのよい露岩などでは休憩したくなるものだが、その前にまずは足をバタバタ踏み鳴らしながら周囲を歩き回り、マムシがいないことを確認しよう。

マムシにかまれた場合、まずは傷口をよく洗うこと。次にポイズンリムーバーがあるときはそれで毒を吸い出し、できるだけ安静に、噛まれた部位を心臓より下げた状態で移動し、速やかに医療機関を受診する。かまれた部位が腫れてくるようならば毒が入り込んでいるため、治療を受けつつ1週間程度の入院が必要となる。

もし、かまれたヘビの種類が不明な場合は、そのヘビをカメラで撮影し、マムシと同様に応急手当をしたうえで、医療機関を受診して相談するといい。

注意が必要な毒ヘビ

白山の平瀬道で見たヤマカガシ。時期は8月下旬。数が多く、ほぼ同じ場所で続けて3匹も見た

岡山県の大佐山で見たマムシ。保護色をしているうえ、動きもゆっくりなので気付きにくい

皮膚に付着するヤマビルとマダニ

極めて不快な姿をしているヤマビルは、どこにでもいるわけではなく、神奈川県の丹沢《たんざわ》山塊や三重県の鈴鹿《すずか》山地など、生息エリアは限られる。標高はおおむね1000m程度までで、発生するのも5月上旬から10月上旬の暖かい時期だけだ。多い所には密集しているので、避けるにはその時期に、生息エリアに近づかないようにするのが一番だ。

ヤマビルが人に吸い付こうと、シャクトリムシのように地面を這うのを見ることもあるが、知らず知らずに衣類の中に入り込むことが多い。その後、靴の中や脛、内股などに吸い付く。ただし、ヤマビルに吸い付かれても、すぐには気付かない。麻酔成分が注入されるからで、充分に血を吸って、大きく膨れ上がってから気付くことがほとんどだ。その後、傷口はかゆみが数日間続く。

防ぐにはヒル避け剤をズボンやシャツの袖、襟に吹きつける。それ以上に効果的なのが食塩で、靴下に擦り込んだり、食塩水をしみ込ませた布を足首に巻くのも有効だ。

ヤマビルが皮膚に吸い付いている場合は、塩をふりかけると剝がれる。またライターの炎を近づけるのもよい。無理やり引き剝がすと口の部分が残ることもあるので注意しよう。剝がれた後は、傷口周辺を絞るように血を出してから水で洗う。しばらくは血が流れるので、絆創膏を貼ろう。

ヤブのなかを進むとマダニに食いつかれることもある。ヤマビルと同様、食いつかれたことには気付かず、数日経ってダニが膨れ上がった状態でわかることが多い。このとき、無理に引き剥がすとアゴが残り、腫れたり化膿したりする。したがって医療機関を受診して、切除してもらうのがいい。どうしても受診できないときは、ピンセットで頭に近いところをつまんで引き抜く。

マダニで注意が必要なのは、重症熱性血小板減少症候群（SFTS）や日本紅斑熱、ライム病などの感染症を引き起こす可能性があることだ。死亡者が多いSFTSの潜伏期間は6日から2週間で、発熱などインフルエンザに似た症状から始まる。発症時期は、5月から8月が多い。

防ぐには、登山中の肌の露出を少なくし、ダニよけに効果があるDEETやイカリジンを配合した虫除けを利用する。また下山後は早めに入浴し、マダニが付いていないかを確認しよう。

知らぬ間に血を吸うヤマビルとマダニ

足に吸い付こうと登山靴に集まるヤマビル。丹沢山塊の春ノ木丸で撮影

自分で首筋から引き抜いたマダニ。食いついたのはおそらく広島県の低山

激しいかゆみが出るブユとヤブカ

山に多い不快な昆虫にはブユ（ブヨ、ブト）がある。初夏から梅雨の時期に多く、行動中でも顔にまとわりつくように刺してくる。刺されると痛がゆく、翌日以降に腫れ上がることもある。その場合は刺された箇所は熱をもち、強いかゆみが1週間ほど続く。

ヤブの多い日陰ではヤブカに刺されることも多い。これも刺されるとかゆいが、長くは続かない。

ブユ、ヤブカとも防虫スプレーで防ぐ。数が多くてスプレーで防ぎきれないときは、防虫ネットを利用するのもよい。大量に刺されるとショック症状が出ることもあるし、カはデング熱などの感染症を引き起こす可能性があるので、確実に防ぎたい。いずれも刺されたら、ステロイド剤を配合した軟膏を塗る。掻きむしると悪化するので注意しよう。

ブユとヤブカ

ブユは体長2～4㎜と小さく、山間部の渓流沿いや雪渓の近くにいることが多い

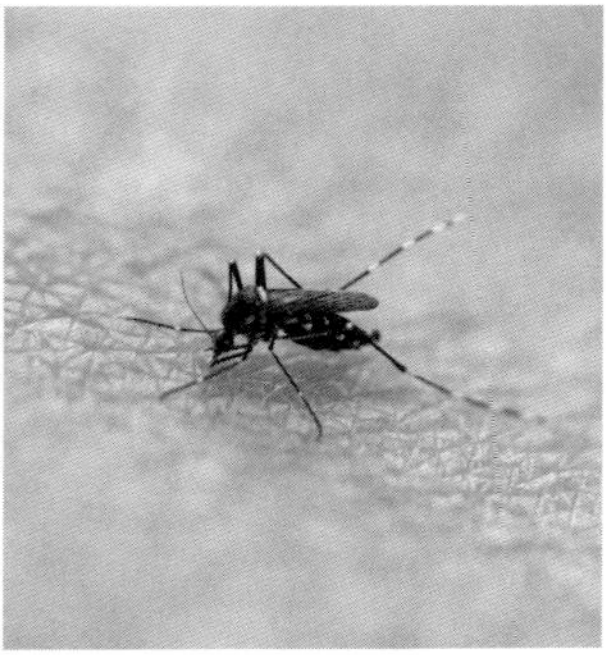

ヤブカは名前の通りヤブに多い。低山のほか市街地の公園で刺されることもある

不快な植物もある

初夏のヤブで触れることが多いイラクサは、触れた瞬間に異様な痛みを感じるものの、30分ほどで痛みは引くので実害は少ない。その一方で、ヤマウルシ、ツタウルシといったウルシ系の植物は、触れたときは異変がないものの、あとで悪化する。葉に含まれるウルシオールという成分による遅延性アレルギーであり、発症するのは触れてから3日くらい経ってから。最初は肌が赤くなる程度だが、次第にジュクジュクしてきて不快だ。この症状は、10日から2週間ばかり続く。

いずれも避けるには長袖シャツと手袋も着用し、できるだけ植物に触れないように歩くことだ。ウルシかぶれが発症すると、最初はたいしたことがなくても長引く。早めに皮膚科を受診しよう。

イラクサとウルシ

放射状に葉を広げるヤマウルシ。葉軸は赤い

3枚の小葉が特徴のツタウルシ

葉や茎に毒のあるトゲをもつイラクサ。高さは30㎝程度

落石の危険——岩場やガレ場では上部を警戒

推奨地域ではヘルメットをかぶろう

遭難のなかでも不可抗力的なものが落石で、毎年20件前後発生している。落石を体に受けた場合のダメージは大きい。大きなものは重さが数十kgを超える場合もあり、ケガは免れないばかりか、その衝撃で滑落や転落など、さらに深刻な事態に結びつく可能性もある。

落石が多いのは岩場やガレ場だ。こういった場所は傾斜が強いうえに木が生えていないため、落下した石は下にいる登山者を直撃してしまう。

落石の発生原因には、自然によるものと人的なものがある。自然に発生することが特に多いのは、雪解けの時期だ。岩場を覆う雪が緩んで支えがなくなり、不安定な石が落ちるためだ。不安定な石は雨や風が強いときにも落ちやすい。そういったときは落石の音も聞こえづらく、とても危険だ。また、カモシカやサルといった野生動物が岩場を移動するときに、石を落とすこともある。

人為的な原因は、登山者の不注意だ。岩場に乗っている不安定な浮き石を歩行中に落としてしまうほか、岩角に必要以上に体重をかけて、欠落させてしまうこともある。そして、ガレ場で不用意な足運びをすることで、積み重なった浮き石が動き出して落石となる。

登山コースを外れると整備がされていないために浮き石が増える。道間違いを避けるのはもちろん、混雑時に無理な追い越しやすれ違いをしないよう、気をつけたい。

しかし、充分に注意を払っていたとしても、落石に出くわすことはあるはずだ。したがって岩場やガレ場に差しかかった場合は、常に上部への警戒が必要となる。そして、もし落石が起きたならば「ラク」と大声を発して下の登山者に注意を促すと同時に、落下方向を見極めて慎重にかわそう。基本は体を山側にピタリと寄せることだ。また「ラク」と言うのは、自分が落石を起こしてしまった場合も同様だ。そして落石の危険がある岩稜コースに出向く際には、ヘルメットも着用しよう。

もし、ヘルメットをかぶっていないときに落石を受けると、頭部の出血や頭蓋骨を損傷する危険性がある。また、見た目では異常がなくても、脳にダメージを受けている可能性もあり得る。

登山道ではないが、私も一度だけ、ヘルメットをかぶっていない頭で落石を受けたことがある。それは伊豆半島でのクライミングのときで、リードする友人が8mほど上から30㎝大の石を落とし、ビレイをしていた私の頭にぶつかったのだ。このときは出血はなく、意識も明瞭だったが頭痛が激しく、すぐ病院へ向かった。異常はなかったものの、ひどい頭痛が2週間も続いて苦しんだ。

穂高連峰などの「山岳ヘルメット着用奨励地域」でも、着用者は現状で半数くらいだが、落石は注意するだけでは防ぎきれない。自分自身を守るため、確実にヘルメットをかぶろう。

雪渓――危険性と歩き方を知ろう

軽アイゼンを着用してスリップ防止

雪渓の景観は爽快だが、さまざまな危険が潜む。ここまで見てきた道迷い、転倒、滑落、落石といった遭難の一定数は、雪渓の上で発生している。ここではその雪渓特有の危険を知っておこう。

雪渓上は歩行をさえぎるものがなく、登山者が前後に列を成していて、通常は道迷いはしにくい。ただし、ガスや雨で視界がわるいときは別だ。特にガスが濃いときは、雪山のホワイトアウトと同じ状況になる。P40で紹介した、竹竿やベンガラのマーキングを見落とさないように、慎重に進もう。

また、雪渓は雪が固く締まった状態で滑りやすい。滑って転倒では済まずに、長距離の滑落に結びつくことが多い。その途中で岩や立ち木にぶつかると、体のダメージは大きく、危険だ。

雪渓歩きの基本は、スプーンカットを利用して足を運ぶこと。雪渓は表面がスプーンですくったように凹んでいる。その凹みの中央に足を置けば、バランスを崩しにくい。ただし、ある程度のコツが必要で、特に傾斜が強まると困難だ。したがって、長く雪渓を歩く場合は、軽アイゼンを着用しよう。ソールの土踏まずの部分に装着する4本爪アイゼンでも不可能ではないが、6本爪アイゼンのほうが安定する。同時にトレッキングポール2本も併用し、バランスを取るようにしよう。

雪渓上では、落石も危険だ。特に雪渓上の石は、音もなく滑り落ちてくるので気付きにくい。そのため、雪渓を歩く場合は常に上部への警戒が欠かせない。これら落石は、側面から落ちてくることもあるが、多くはすでに雪渓上にある石が動き出す。特に日が昇って石が温まると、石の下の雪が融けて動きやすくなる。ちょうど登山者の行動する時間帯が最も危険なので注意したい。

そして雪渓で一番危険なのは、踏み抜きだ。下の図に示したとおり、雪渓は一般的に中央部が薄い。万が一落ちると、下は空洞で脱出は極めて困難なうえ、雪解けの冷たい水が流れていてすぐに低体温症になる。こういった構造を理解して、厚みのあると思われる、安全な部分を通過しよう。

雪渓の危険を防ぐ歩き方

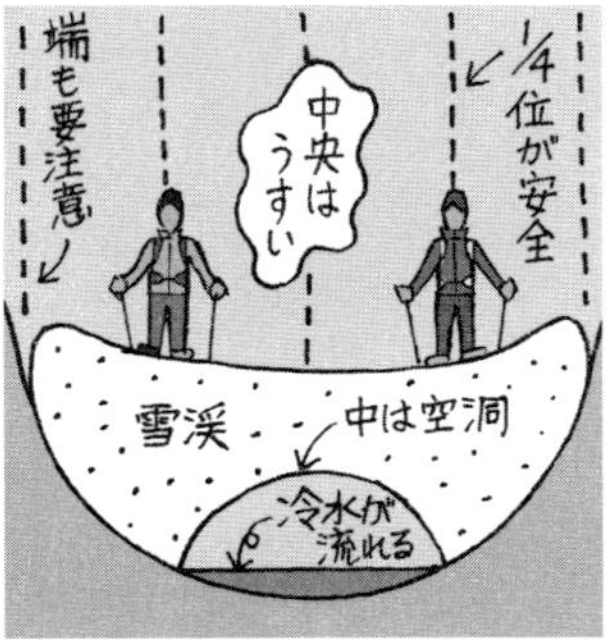

コースを示すマーキングが不明瞭なときは厚みのある部分を選んで歩く

スプーンカットの底に足を運べばバランスを崩さずに歩くことができる

火山の危険を避けるには——目的の山が活火山かチェック

噴火時は速やかに避難する

２０１４年９月27日に発生した、御嶽《おんたけ》山の噴火は登山者に大きな衝撃を与えた。この日は紅葉シーズン中の土曜日で、天気は晴天。多くの登山者が昼食休憩をする時間帯の11時52分に噴火が始まった。しかも、最も規模の大きい噴火が、最初の噴火の直後だったため、２５０人ほどいたという山頂付近の登山者のほとんどは、避難を開始する前に噴石や火山ガスにさらされることになってしまった。最終的には死者58人、行方不明者５人、合計63人もの犠牲者が出た。

気象庁によるこのときの御嶽山の噴火警戒レベルは１。「活火山であることに留意」というもので、レベル２以上の「噴火警報」は出ていなかった。そして噴火は小規模な水蒸気爆発であり、事前の予知は困難だったという。このことは、活発に活動していない火山であっても、予知できない小規模な噴火は起きる、ということを示している。実際に２０１９年の８月には、同じようにレベル１だった浅間山で、予兆なく2度の水蒸気噴火が発生した。

２０１９年10月現在、国内で噴火警戒レベルが発表されている活火山は全部で48カ所。そのなかには登山者に人気の山も多い。プランニング時には気象庁のウェブサイトで、目的の山に噴火警戒レベルが設定されているかを確認しておこう。レベル2以上のときは設定されている規制に従い、またレベル1であっても周辺で地震が増えているときには、中止や行き先変更といった判断も必要だ。

火山の噴火時には、火口から噴石が飛び散る。大きなものは20㎝以上になるという。また火口や噴気口から放出される火山ガスには硫化水素や二酸化硫黄などが含まれて、吸い込むと命を落とすこともある。

登山中に噴火が起きた場合は、噴石を避けるために岩陰に身を隠すか、山小屋やシェルターなどへ避難する。このときはザックやヘルメットで頭部を守ろう。同時にタオルやマスクで口を覆い、火山ガスの吸引を防ぐ。その後は噴火の状況を適時確認し、安全なタイミングを見計らって速やかに下山しよう。

注意が必要な活火山の登山

浅間山の前掛山手前に設置されたシェルター。急な噴火時にはここへ避難する

2014年9月28日、噴火発生翌日の御嶽山。甲斐駒ヶ岳から撮影

装備のトラブル――不便なだけでなく危険

古い装備には要注意

今の登山は、高機能な装備があればこそ楽しめるものだといえる。その装備に不具合が生じると、登山の続行が困難になるばかりか、安全性が大きく下がって危険だ。登山中の装備のトラブルで最も多いのが、シューズのソール剝がれだ。最初は片方のソールが、ちょっと浮いた程度に感じても、すぐに大きく剝がれてくるばかりか、もう片方のソールも、ほとんど同じタイミングで剝がれてきてしまう。これはソールに使われるポリウレタン素材の経年劣化が原因で、使用頻度よりも、製造してからの経過時間のほうが影響する。あまり使っていなくても、古いシューズであれば剝がれてくる可能性があるということだ。

応急処置としては、テーピングテープをソールごとシューズに巻きつけるのが効果的だ。針金やひもで縛る方法もあるが、緩みやすいうえ、歩行中に木の根などに引っかかりやすいので危険だ。ガムテープも固定力はあるが、滑りやすいので避けたほうがよい。

ザックも、古く使用頻度の高いものは、ショルダーベルトを縫製する糸が切れることがある。その場合は細引きなどで固定して応急処置するしかない。また不用意に岩の上に置いたりすると、岩角に引っかかって本体の生地が破けることもある。特に軽量ザックは生地が薄いので注意しよう。

テント泊での山行時には、ガスストーブのトラブルも多い。私は以前、ボンベにヘッドを装着する際、装着口からわずかに吹き出るガスに、ほかの火を引火させてしまったことがある。そのときはボンベ内のガスが尽きるまで、炎が吹き出て危険だった。ガスのトラブルは、大事故になりやすい。そういったミスをしないよう、取り扱いには充分注意しよう。

また、山行中に困るのは忘れ物だ。特に単独登山で忘れ物をすることは、不便なばかりか危険になることすらある。それを避けるには、装備リストを作ることだ。パッキング時にはそれを確認しつつ、装備をザックに入れるようにするといい。特に山に慣れた経験豊富な人ほど、うっかり忘れ物をすることが多いので注意したい。

ソール剥がれはテーピングテープで応急処置

北アルプスの剱岳の途中で、ソールが剥がれた登山者。気付いたときには両方が剥がれていた。テーピングテープで応急処置をし、無事に室堂まで下山した

危険を未然に防ぐには——安全管理することが大切

知らぬ間に危険を引き寄せる考え方

ここまで、山での主な遭難原因と実例を見てきたが、その多くは、事前に知識をもって準備をすれば回避できるもの、または回避できる可能性が高いものが多いと感じたのではないだろうか？ここからは、そういった登山の前にできること、やっておくべきことについてまとめる。

まず、最初に知っておきたいのが、登山者の考え方そのものが、危険を呼び寄せてしまう場合がある、ということだ。特に私が危険に感じるのは高い目標達成意欲をもっている人だ。

たとえば私が登山ガイドとして接するお客さまのなかでは、日本百名山をめざしている人にそういうタイプが多い。半数以上の人が、「今年中に必ず○座を登る！」と強い決意をもって目標を立ててしまうのだ。そうなると悪天候時でも、体調不良であっても山に向かうことになる。百名山全山登頂もすばらしい目標であり、応援したいとは思うのだが、数値目標化することは避けるべきだ。

山で待ち合わせをする、といった目標設定も危険だ。詳細は省くが、私の知人がＳＮＳ上の知り合いと、ある山の頂上で初顔合わせをする約束をした。知人のほうが難コースで時間がかかるため、朝食もそこそこに、まだ暗いうちに山小屋を出て先を急いだらしい。ただし、その約束は果たせなかった。途中に現われた鎖場で、知人が転落、死亡したからだ。

目標達成意欲が高いと、普段の登山以上に大きなリスクを受け入れつつ、無理な行動をする傾向がある。絶対に登らなければいけないような目標は作らずに、その場の状況に応じて臨機応変な対応ができるようにしたほうが、安全性は高まる。

また、最近は承認欲求をもつ登山者が増えたように感じる。これは他人から自分の存在や価値を認めてもらいたいという感情を抱くことだ。ひと昔前はパーティ登山のリーダーが、メンバーに自分の技術の高さを見せようとして、無理な行動をするといった例があった。

今、気になるのはSNSだ。SNS上でより多くの「いいね！」やコメントをもらおうと考えて、リスクのある行動をとる登山者が増えているのではないだろうか？　これも度を過ぎると、本来は遭遇しなくて済むような危険に身をさらす原因になってしまう。

また、単独登山の危険性については要所要所で触れたが、逆にパーティ登山のほうが危ない場合もある。人数が多いことで、自分たちの能力が高まったような気がして無理な行動をしたり、危険な状況でも、仲間がいるから大丈夫と考える状態で、いずれも集団心理による錯覚だ。

山へ向かうモチベーションは、多様なものがあっていい。しかし、危険に陥りやすい考え方はできる限り排除したほうが、山での安全に結びつく。

登山情報の入手法

めざす山の情報は、どのように入手しているだろうか？　最初のきっかけは、テレビや山の雑誌、という人が多いのではないかと思う。しかし、テレビはその山の魅力的な部分のみをピックアップするばかりか、過度に編集されることも多く、情報元としては正確さに欠ける。山の雑誌は内容面では信頼できるものの、一つの山にあてられるページ数に限りがあり、情報量が少ないことも多い。私自身も山の雑誌にコースガイド記事を執筆する機会が多いが、誌面の割り当てが少ないときは、ごくかいつまんだ概要を記すのみになってしまう。

そしてもう一つ、多くの登山者が山の情報の入手元として活用しているのは、インターネットだろう。全国のあらゆる山の情報を瞬時に、しかも無料で入手できて非常に便利だ。なかでもきっかけとして多いのは、SNSではないだろうか？　自分と等身大に近いと思われる人たちが、山に登り、きれいな景色を目にすることに触発されて、同じ山に登ってみたいと考えることは多いはずだ。

ただし、実際の登山に際して、SNSの内容そのままでプランニングするのは危険だ。登山に特化したSNSでは、所要時間などを公表できるものもあるが、その書き手と自分は、体力や技術が異なるし、登山時の気象条件なども変わるからだ。さらに、書き手の経験や能力次第では、重大な危険箇所に気付かず、スルーしていることもあり得るので、参考程度にとどめるべきだ。

それは個人のブログなどでも一緒だ。特に初心者の書いたブログほど、主観や印象の度合いが強い。丁寧に装備や技術について書かれていても、それが誤っていることも少なくない。山の魅力、楽しさを自由に発信できるのはすばらしいことで、もっと活発になってほしいとは思うのだが、ほかの登山者が参考にするにはあまりにも心もとない内容だ。

そこで活用したいのは、登山地図とガイドブックだ。地図はP28で述べたように、道迷いを防ぐにはスマートフォンのGPSアプリが有効だが、情報量は少ない。

一方、登山地図やガイドブックは、その山域に精通した登山経験豊富な著者により、必要と思われる情報が詳細に記されている。しかも、著者だけではなく、ほかにも編集者など複数の人によるチェックが入っているため、より客観的で信頼性が高い。インターネットのように無料とはいかないが、代金に見合う充分な価値があるはずだ。登山地図はコースの全体像を把握するのに適するほか、もちろん実際の登山時にも持参して活用できる。ガイドブックはコースの内容を記した文章を読み込むことで、より具体的なシミュレーションを可能にする。

ただし、よくいわれるように登山地図やガイドブックには、情報が古いという弱点がある。事前の取材を元に制作するため、現場を確認してから時間の経った情報になってしまう。そういった面ではやはりインターネットのスピーディーさには到底かなわない。したがって登山地図やガイドブックを基本にしつつ、インターネットも参照する、というのが確実な情報入手方法だ。

プランニング段階でできること

目的の山を決めたならば、具体的なプランニングに進む。まず、コースは自分の技術と体力の範囲内になるようにすること。パーティの場合は、最も技術と体力の少ない人を基準に考える。技術と体力のレベルを具体的に知るには「山のグレーディング」が最適だ。信州（長野県）をはじめとするいくつかの県で、統一された基準に基づいたマトリクス図が用意されているので、とてもわかりやすい。プランニング時には必ずチェックしよう。

ときには、ステップアップをめざそうと考えることもあるだろう。技術アップをする場合は、ステップを大きくし過ぎず、必ず時間にゆとりをもたせるように。体力アップの場合も時間のゆとりをもたせると同時に、日の長い季節を選ぶといった工夫をしよう。

コースが決まったら、次は入下山時のアクセスを詳細にチェックする。この段階で、登山開始時刻と、最終下山時刻をはっきりさせておくこと。続けて登山地図で、予定コースの標準コースタイムを合計。さらに、その時間に休憩時間も加算して、トータルの行動時間を割り出す。無理のないペースであれば、出発20〜30分後に5分、あとは30分から1時間程度の間に現われる、休憩適地や展望スポットなどで5分、昼食時に20〜30分程度をあてるのが目安だ。その合計時間を登山開始時刻に加えて、最終下山時刻に余裕をもって間に合うかをチェックする。このときの行動時間は、登山開始時刻から最終下山時刻までの75％程度までにとどめるのが理想だ。道間違いなどのトラブルがあっても、残った25％の時間を使ってリカバリできる可能性が高まるからだ。

これで時間的に問題がなければ、休憩ポイントの通過予想時刻を、当日行動中にチェックするタイムスケジュールとしてメモ。さらに登山地図やガイドブックを読み込んで、コースに潜むリスクを全部チェックしよう。特にチェックしたいのは、技術的に問題になると思われる、岩場やガレ場といった難所や、道迷いしやすいポイントだ。さらにP76で述べた、悪天候時の引き返しポイントとして尾根に上がる箇所、森林限界、稜線との合流点もチェック。また水量の多い沢の徒渉点が、コースの終盤に現われないかもチェックする。これはP82で述べたように、そういう箇所で増水した場合には、難しい判断を迫られる可能性があるからだ。

また、宿泊の予定がなかったとしても、コース上の山小屋の位置はすべて確認。アクシデント発生時の避難先となる、避難小屋の位置も把握しておこう。

ここでエスケープルートも決めておく。エスケープルートは、何らかの理由で予定の行動を中断した場合に、速やかな下山をめざすためのサブルートだ。現場で判断してのエスケープも可能だが、そういった状況では判断が甘くなりがちで、エスケープに適さないルートをつい選んでしまうこともあり得る。したがってプランニングの段階で決めておくのが基本だ。もし予定コースが一本道で、エスケープルートがない場合には、時間に応じての引き返しポイントを決めておこう。

準備段階でできること

ひととおりプランニングが済んで、準備段階に入ったならば、目的のコースの2万5000分ノ1地形図を入手しよう。今はインターネットで手軽に地形図が閲覧できるので、それを印刷するのが便利だ。そして登山地図やガイドブックを確かめつつ、その地形図上に予定コースを書き入れる。このとき、等高線を読み取って、P32から解説したような、道を間違えやすい7つの地形を確認し、マークをつけておく。あとは通過する尾根の分岐には尾根線、横断する沢には水線も記入しておこう。そして、地形図には記載のない小ピークや危険箇所、避難小屋や水場の位置も記入する。いわばここで山行のシミュレーションをし、予想されるリスクをもう一度しっかりと確認しておくのだ。なお、最近はこういった作業をスマートフォンなどで手軽に行なえるウェブサービスも普及しつつある。しかし細かくチェックするのが目的なのに、手軽にできてしまうのは考えものだ。ひと手間かけて、地形図をチェックしたほうが安全に結びつく。

記入し終えた地図は、透明なビニール袋に入れて山行時に持参する。登山地図はそのままでもいいが、使用範囲が限られる場合は、その一部分をカラーでコピーして持つのもいい。

また、このときスマートフォンのGPSアプリで、必要となる範囲の地形図もキャッシュしておこう。地形図のズームレベルは「16」が詳細で、データもあまり重くなくて使いやすい。

さらに、山行期間中の天気予報の確認も始めよう。P78で述べたように、週間予報、予想天気図、山岳専門の気象予報サービスを使い分け、山行当日のより正確な天気予報を確認する。明らかに悪天候が予想される場合には、中止や行き先の変更も考えなければいけない。

そして、目的の山のビジターセンターや自治体などのウェブサイトをチェックして、登山道やアプローチなどに通行止め区間がないかも確認すること。山行当日は晴天であっても、事前に大雨や台風があった場合は、土砂崩れなどでアクセス道路が不通になったり、倒木などで登山道が通行止めになっていたりすることもある。

装備のパッキングは、山行の前日までには済ませておこう。このときは装備も一つ一つチェックして、不具合が見つかった場合には交換や修理をする。そして、特に気をつけたいのは忘れ物だ。場合によっては、その忘れ物が致命的なアクシデントの原因になることもある。したがってチェックリストを作り、それに基づいて確認するようにしたい。頭の中のチェックだけで済ませたり、山行直前にバタバタとパッキングするのはトラブルの元だ。

あとは必要なカロリー量を満たす食料を用意する。行動中にエネルギーが不足すると低血糖、いわゆるシャリバテの状態になる。P73で紹介したコース定数を参考にして、不足のないように。万が一に備えての、非常食も別途用意すること。初夏から夏の、汗をかく量が多い季節は、塩のタブレットも用意したい。一方、寒い季節は出発直前に保温ボトルに温かい飲み物を入れておこう。

登山計画書の重要性

登山届の提出は、今や登山をする際には欠かせない。一部のエリアでは、提出を義務化する条例や規則が定められるようになってきた。その理由には、遭難件数が年々増加し続けていることに加えて、救助する側が今まで以上に確実で速やかな捜索、救助を行なうことをめざしているからだ。

登山届の目的は、都道府県や警察へ登山内容を伝えることにある。届には予定コースやメンバー、緊急時の連絡先、持参装備などを記入する。

その登山届が使われるのは、実際に遭難が起きたときだ。遭難の通報や救助要請があった場合、登山届が出されていれば予定していたコースがわかるため、捜索範囲の絞り込みが可能で、早期の発見、救助が期待できる。

ただし、必要事項を記入するだけの登山届では、遭難時の救助は速やかにできたとしても、遭難そのものを防ぐ効果は限られる。前ページまでで述べた、プランニングや事前の準備が、あいまいなままでも書き上げることができるからだ。

そこで重要になってくるのが、単なる登山届ではない、登山計画書を作ることだ。登山届と登山計画書は同じものだと思われがちだが、その作成のプロセスは異なる。

確実な登山計画書を作るには、Ｐ１１０で記したような緻密なプランニングが必要となる。技術と体力のレベル、アクセス、時間、リスク、避難先、エスケープルートといった内容だ。そして、それらを再確認しつつ、計画書に落とし込んでいくことになる。登山計画書を作る目的として重要なのは再確認であり、それをすることによって自分のプランニングを俯瞰的に見渡して、気付かずにいた問題点などがないかのチェックができることになる。

こうやって登山計画書を作れば、事前にシミュレーションが充分にできているので、実際の登山時に現われるさまざまな難所や、道間違いポイントでの確実な対応が期待できる。また、アクシデントが発生したとしても、自力での対処もしやすい。

ところで前ページでも述べたが、近ごろはインターネットを使って画面に地図を表示させ、主要ポイントをタップしていくだけでプランニングをし、登山届としての計画書も作れるウェブサービスが普及してきた。これを使えば登山届の提出も手軽だ。けれども便利すぎて、あまり考えなくてもサクサクと登山計画書が出来上がってしまう。山行前に深く考えることが、安全管理のキーポイントなのに、これほど便利では本末転倒だ。

とはいえ、インターネットからの登山届には、救助側には内容を素早く検索できることや、登山者側には下山確認メールがあるなどのメリットも多い。したがって便利さに流されることなく、考える部分はしっかり考えて登山計画書を作成し、それをインターネットのウェブサービスに入力する、といった活用の仕方が確実だ。

実際の登山時にできること

登山口に着いたならば、まずは空を見上げて悪天候を知らせる雲がないか確かめよう。さらにスマートフォンで最新の気象情報をチェックする。この後、山に入っていったらインターネットに接続できない場所は多いので、この時点での確認は重要になる。その日の天気を知るには、雨雲レーダーが確実だ。

次に飲料水を用意しつつ、もう一度忘れ物がないかをチェック。大丈夫だったら、GPSアプリを起動させて、トラックの記録を開始しよう。行動時間が長いときや深山では電池の消耗を防ぐために、この時点でスマートフォンは機内モードにしておくこと。

そして周囲を見回して、登山道の入口を確認。意外とこの入口がわからずに右往左往する人が多いので、標識などをよく探すこと。問題なければ、スタートだ。

歩行中は、適切な歩行ペースを守るようにする。特に出だしがオーバーペースだと、終日疲労感が続くことになってしまう。体のモードが歩行状態に切り替わるのは、歩行開始後おおむね20~30分。そのタイミングで立ち止まってウェアを調節し、以降は30分から1時間程度の間に現われる、展望スポットや休憩適地などを選んで、5分程度休むことを繰り返すといい。その都度、水分とカロリーも補給をして、水分不足による体調不良や、カロリー不足による疲労は絶対避けるように。

行動中は、分岐やランドマークがあればその都度、ないときも10分に1回程度は、GPSアプリや地図で現在地を確かめること。特に低山など地形が複雑なコースの場合は、事前にコースや注意点を書き込んだ地形図を取り出して、現在位置と同時にその先に現われる、道間違いしやすいポイントも確かめておく。

さらに、地図は休憩時にも必ず開き、その日の残りの行程を確認する。また、あらかじめメモしておいたタイムスケジュールから、大きく遅れていないかも確かめよう。視界のわるい樹林帯をたどるときは野生動物を警戒し、開けた場所では空を見渡して観天望気を行なう。

見通しのよい場所での休憩時には、スマートフォンの機内モードを解除して、もし回線に接続できるようであれば、再度気象情報をチェック。さらに利用している人ならば、SNSへ投稿するのもいい。特に単独登山者は、行方不明になった際にSNSの投稿がきっかけで発見できたという例もあるので、積極的に使うといいだろう。

さらに進んで尾根に出る地点、森林限界、稜線に出るポイントが近づいたならば、気温や風の状況により、必要に応じてウェアを着用する。そしてその時点で悪天候になる予兆があれば、そこでの進退判断も必要だ。このように登山では状況確認、判断、行動を繰り返す。トラブルがあったとしても、対応が早ければ早いほど、リカバリはしやすい。万が一に備えて体力の余裕も残しつつ、登山を楽しもう。

体力アップの近道

以前、登山の体力度をランニングに置き換えて、「何kmを何分で走れたら、この山は大丈夫、という説明はできませんか?」と言われたことがある。しかしおそらく、それはできない。

私は数年前、思い立ってフルマラソンを走る大会に出たことがある。もともと体力には自信があったし、ちょうどその夏は槍ヶ岳を登る仕事が相次いでいて、1日で槍ヶ岳山荘から上高地に下山し、その足で横尾山荘へ行くということを、数回繰り返していた。その距離は33kmなので、42.195kmを走るなんて、たいしたことはないと考えていた。

しかしその考えは、甘かった。マラソンの3カ月前になって、やっとトレーニングを開始したのだが、なんと2kmを連続して走ることすらできなかったのだ。このとき、登山とランニングとは、運動としては別物だということを実感したのだった。

登山で求められる体力は、身体能力だけでなく、さまざまな技術をいかにうまくコントロールできるか、ということに左右される。今までも、同じパーティの中でも若い男性より、年長の女性のほうが元気よく、余裕をもって歩くということは何度もあった。

そして、体力のないことに悩む登山者を見ていると、一定の傾向があるように感じてならない。みなさん、ちょっと雑なのだ。もう少し、歩幅や足の置き方や、ザックの背負い方に気を配れば、もっと楽になると思えるのだが……。しかしそういった人ほど、細かな部分を指摘しても「いや、大丈夫です」との返事が返ってくる。

もし、自分の体力不足を感じているのならば、まずは歩き方の基本や、正しいパッキングなどを学ぶのが、解決の近道ではないかと感じる。

身体能力だけでなく、正しい知識をもつことも体力アップには重要だ(写真は槍ヶ岳)

第3章

セルフレスキュー

セルフレスキュー——自分自身と周りの登山者を助ける

アクシデントに対処する4つの技術

前章では、山で発生する主要なアクシデントと、その対処法を取り上げた。けれども、アクシデントへの対処が常に的確にできるとは限らない。致命的なアクシデントが発生して、自分や仲間が行動不能に陥ってしまうのはあり得ることだ。さらにケガや病気で困っている、ほかの登山者に出くわすこともあるかもしれない。そこで必要になるのが「セルフレスキュー」の技術だ。

セルフレスキューとは言葉どおり、自分自身をレスキューすることに加えて、身近にいるほかの登山者をレスキューすることも含む。それに対して、警察の山岳救助隊などによる救助活動はチームレスキューといって、セルフレスキューとは区別される。また、近頃は登山計画書の提出といった事前の準備などもセルフレスキューに含めることがあるが、ここではエマージェンシーな状況に陥ってから行なう、本来の意味のセルフレスキューを取り上げる。

登山で必要とされるセルフレスキューの技術には、次の4つがある。

①ビバーク技術　山小屋や避難小屋といった宿泊施設や、テントなどの宿泊装備を使わずに、山で

夜を過ごす技術。

②搬送法　ケガや病気で行動不能になった人を、人力で運ぶ技術。滑落現場などの危険な場所から、負傷者を安全な場所へ緊急に移動させる一次搬送と、チームレスキューに引き継ぐために比較的長い距離を運ぶ二次搬送の二つがある。

③ロープワーク　転落や滑落の可能性がある場所を、ロープを使って確実に通過するための技術。

④ファーストエイド　ケガや病気を負った人に対する、状態の評価と応急手当ての技術。

一般的にこれらの技術をひとまとめにしてセルフレスキューとしているが、それぞれの技術の関連性は低く、独立した技術の集合体だといえる。

セルフレスキューでは何が大切かというと、まずは必要な装備を持つことだ。装備がなければ、できることはごく限られてしまう。

次に知識も必要だ。たとえば知識がなく行なうビバークでは体力を消耗するばかりか、危険に身をさらす可能性もある。また、見様見真似で行なう応急手当てでは、かえって傷病者の症状を悪化させてしまうこともあり得る。

さらに、装備と知識とを的確に使うための技術も必要になってくる。したがって、セルフレスキューを行なえるようにするためには、事前のトレーニングは必須のものだ。普段は使うことのない技術であり、ついおろそかにしがちだが、いざというときに備えて学ぶようにしたい。

ビバーク――山で夜をやり過ごす

ビバークするのはどのようなときか

アルパインクライミングや沢登りでは、最初からプランニングして計画的ビバークをすることもある。しかし、セルフレスキューとして行なうビバークは、計画外のビバークだ。そのときには程度の差はあれ、追い込まれた厳しい状態で行なうことになる。充分な用意がない場合でも、臨機応変に対応して乗りきっていく姿勢が大切だ。

登山中に計画外のビバークが必要となるのは、時間切れのときと、行動不能になったとき。時間切れになるのは、計画そのものに無理があったり、ルートの状態がわるくて予想以上に時間がかかってしまったような場合が考えられる。途中で道迷いをして、リカバリに時間を取られたときにも時間切れになる可能性がある。さらに完全に道に迷ってしまって、どうしても下山できないということもあるだろう。

こういった場合に暗くなってからも行動し続けると、もっと状況を悪化させることになってしまい、転落や滑落といった、致命的な事故に遭遇する危険性も高まる。したがって、日没時刻を過ぎても下山、または宿泊施設に到着できないことが明らかになったのであれば、日没の前にビバークすることを決断しよう。

行動不能になるのは、一つは疲労やケガ、病気などがある。この場合、まずはP138の手順に基づいてファーストエイドを行ない、必要に応じて救助要請もすることになる。そのうえで、ある程度は安全な場所を選びつつも、その場でビバークをする。症状に応じた、臨機応変な対応も必要だ。

もう一つには悪天候がある。ただし、悪天候の場合はその場で、というわけにはいかない。風雨や、その後増水するかもしれない沢の水、落石などを確実に避ける場所を探す必要がある。もし致命的なトラブルもあって救助要請をしたとしても、すぐに救助されることは難しいので、根気よく安全な場所を探したうえで、悪天候をやり過ごすことになる。

ここも注目!

ビバークを始めるタイミング

行動不能のときはその時点でビバークを始めることになるが、問題は時間切れの場合だ。暗くなってからビバーク準備に入るのでは、最適な場所を選べずに危険なこともあり得る。したがって、暗くなる30分程度前には決断し、準備を始めるべきである。

しかし、実際はその決断はなかなかできない。私は今までに3回、時間切れのビバークを経験している。ビバークを決断したのはいずれも、完全に暗くなっても行動し続けた末、動くのはもう無理だと感じてから。場所は3回とも満足には探せず、風や落石から身を守るに適していたとは言う難い、体を横たえるだけの小さな平坦地だった。

無事に夜をやり過ごして下山できたが、危険をはらんでいた。こういう体験をしないよう、早めのビバークの決断をしてほしいと強く思う。

ビバークに必要な装備

❶ソフトボトルの水筒
ビバークの可能性が高まったら早めに水を確保する

❷保温ポット
秋から春にかけては温かい飲み物を飲むと体温を保てる

❸スリング＆カラビナ
手早く強固にツエルトを吊ることが可能

❹非常食
行動食とは別に高カロリーの食べ物を持つ

❺スタッフバッグ
ザックから出した荷物を濡らしたり紛失しないように入れる

❻折りたたみ傘
ツエルトの中で広げると空間ができて快適

❼防寒着
薄手のフリースやダウンジャケットなど

❽細引き
ツエルトを張るときに使う

❾エマージェンシーシート
必携。体温を反射させて体を温める

❿テーピングテープ
ビバーク時には焚き火をおこす際の着火剤として使える

⓫ヘッドランプ
予備電池も併せて必携

⓬ツエルト
シンプルな作りで、定番の形のものが万能で使いやすい。両サイドの上端には、手首が通る大きさのループをスリングで作っておくと便利

⓭クッカー
温かい飲み物や食事を作れる

⓮ガスカートリッジ＋バーナー
温かい飲み物を作るほか直接体を温めることもできる

⓯ライター
バーナーに着火するほか焚き火をおこすときに使う

⓰トレッキングポール
ツエルトをテントのように張る場合の支柱にする

⓱ザック
マット代わりに地面に敷いて凹凸や冷えが伝わるのを防ぐ

ここも
注目!

オープンビバークとツエルトビバーク

ビバークには着の身着のままで行なうオープンビバークと、簡易テントのツエルトを使うビバークがある。

オープンビバークでは、直接雨や風を受けることをなんとか防ぎたい。大岩や倒木の陰、茂みの下など、風雨が当たらない場所を探してレスキューシートで体を覆い、ザックを敷いて寒さを防ぐ。

ただし、寒い季節や悪天候時にはかなり苦痛だ。特に体を濡らしてしまうと、低体温症になってしまう。

それに対して、ツエルトビバークだと快適性や安全性は高い。これまでの気象遭難で、ツエルトさえあれば命を落とさずに済んだと思われる登山者は多い。重さも300g前後と軽量なので、常に持つようにしたいアイテムだ。

ビバークの準備

ビバークすることを決断したら、まずはヘッドランプを装着する。準備をしている間に、暗くなることもあるからだ。

次にビバーク地を選定する。選ぶのは体を横たえることのできる平坦地で、雨や風を避けるほか、落石や転落の危険がない場所だ。

このとき、もし森林限界を超える地点にいるのであれば、風雨の影響が強いうえ、落雷を受ける可能性もあって危険だ。できるだけ樹林帯まで下ってビバークするようにしたいが、できないときは尾根を外れた側面の岩陰などを選ぼう。

樹林帯にいる場合に避けたいのは、周囲よりも高い木の近く。その木に落雷すると、放電現象でダメージを受けるからだ。さらに沢に近い場所も、急な

ここも注目!

焚き火をおこす

もし焚き火をおこすことができれば、暖をとり、気持ちを落ち着けることもできて有効だ。焚き火禁止のエリアは多いが、緊急時にはやむを得ないとされている。

安全に焚き火をおこすことが可能と判断したら、まずは枯れ木を集めよう。腕くらいの太さのものを中心に、あとは着火時に使う小枝もたくさん用意しよう。

〈焚き火のおこし方〉

❶太い木を並行に並べる。
❷その上に小枝を盛り上げ、さらに少し太い木で覆う。
❸着火剤(テーピングテープがよい)に火をつけて、小枝の中に潜り込ませる。
❹熱がこもって、火が小枝に燃え移るのを待つ。このとき、盛り上げた小枝を手のひらで覆うようにする。またこの時点で息を吹きかけたり、あおいだりして空気を送ると、熱が逃げて着火しないので避けること。
❺小枝が燃えてきたら、さらに太い木を上に乗せていく。
❻太い木が燃えてくれば、焚き火は安定する。

増水の可能性があるので避ける。ビバーク地では雨が降っていなくても、上流で大雨が降って増水することもあるので、必ず離れた高い位置にすること。

また樹林帯のなかに細長く続く平坦地はけものみちだ。夜間に動物が行き来するので注意しよう。

よい場所が見つかったならば、横になったときに体に当たらないよう、石や倒木を取り除く。季節が秋で大きなビニール袋があれば、落ち葉を詰めるとクッションになるうえ、冷えをさえぎるので快適だ。

この時点でトイレを済ませ、防寒着を着用する。ビバーク前は暖かく感じても、途中からは耐えがたい寒さになるのでウェアはすべて着用しよう。

あとは中身を出したザックを敷き、エマージェンシーシートを隙間なく体に巻き付けてビバークの体勢に入る。ツエルトを持っている場合には、次ページの手順で使う。

ここも注目!

避難小屋の利用

避難小屋とは基本的に管理者不在で、寝具や食事の提供のない簡易の山小屋をいう（一部に例外あり）。

設置目的は大きく分けて二つある。一つは宿泊して登るのが妥当であるにも関わらず、営業小屋やキャンプ地がないコースで、素泊まりをしながらの登山ができるように設置されたもの。

もう一つが名前どおりに、悪天候やケガなどで動けなくなった場合の退避場所で、通常は泊まることはできない。

もちろんアクシデント発生時は、どちらの避難小屋も利用可能だ。特に悪天候のときには、ツエルトを利用してもビバークすることは厳しい。プランニング時には予定コースやエスケープルート上の避難小屋の場所を確認しておき、万が一のときに退避できるようにしよう。

ツエルトの使い方

まず、事前に3㎜の細引きでツエルトの両端にある吊り下げポイントに、直径10㎝くらいのリングを作っておこう。取り出すときそれに手首を入れると速やかに広げることができるばかりでなく、風でツエルトが飛ばされることも防げる。

取り出したツエルトの、最もシンプルな使い方はそのままかぶることだ。一人の場合は、かぶってから敷いたザックごと巻き込むように座り、中の熱が逃げないようにする。あとは酸欠予防と外の確認ができるようにするため、ベンチレーターから顔を出せるようにする。

複数人の場合は、横並びに互い違いに座ってかぶる。この方法だと2人用のツエルトでも、詰めれば4〜5人は入る。窮屈に感じるが、気温が低いとき

ツエルトの使い方

一人でかぶる

熱を逃がさないよう裾を巻き込んで座る。一人では空間が狭く息苦しいのでベンチレーターから顔を出せるようにしよう

ツエルトの準備

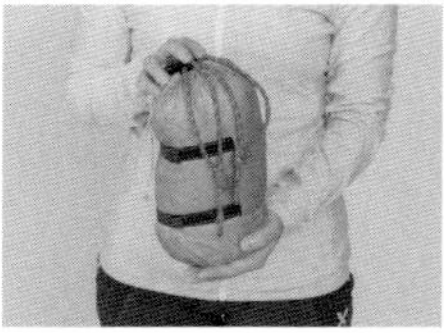

収納袋から両端のリング2つがすぐ引き出せるようにしておく

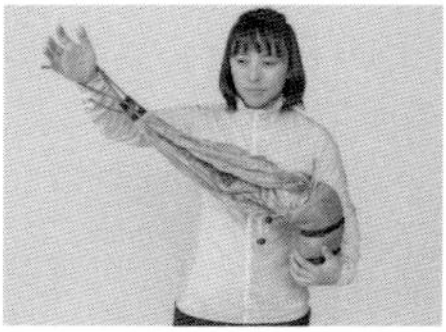

風に飛ばされることを防ぐため、リングに手首を入れて取り出す

にはこれでかなり体力を温存することが可能だ。

　立ち木の太い枝など、頑丈な支点がある場合は、スリングを巻き付けてそのスリングにカラビナをかけ、ツエルトの一端を吊るといい。簡単な方法だが空間ができるため、かぶるよりも快適さは増す。さらに支点が丈夫ならば、強風にも耐えられる。

　もし、ツエルトの長辺よりも少し長い間隔で2つの支点が得られるときは、スリングや細引きなどを使って両端の2点で吊ると、ツエルト本来の形状になってさらに快適だ。この場合、中に入るのが規定人数以内であれば横たわることもできるので、しっかりと体を休められる。

　支点がなくても、トレッキングポール2本と細引きを使ってテントのように張る方法もある。非常に快適だが、張り方には要領があって、事前の練習が必要だ。さらに強風には弱いという弱点もある。

張ったツエルト

張るには練習が必要で時間がかかるものの、強い風が吹かない安定した平坦地であればテントと同様の快適な居住性が得られる

吊ったツエルト

手早く簡単にできて、一つの強固な支点さえあれば強い風にも耐えられる。緊急にビバークが必要な場合には、最も確実な方法だ

複数人でかぶる

互い違いに座ってかぶれば狭い空間でも複数人が入りやすい。また、互いの体を密着させることで低温時に体温が失われるのを防ぐ

搬送法——確実な方法を知ろう

一次搬送で危険箇所から退避

　自力で動けない傷病者が出た場合、近くにいる登山者が、その傷病者を安全な場所へ移動させなければならないことがある。このとき、慌てて移動させると症状が悪化する可能性があるので、確実な搬送法を知っておきたい。
　まずはファーストエイドの状況評価（P138参照）で、傷病者の状況と場所の危険性を確かめる。そのとき、傷病者の症状が動かしてはいけない頸椎や脊椎の損傷ではなく、滑落したり落石を受ける可能性がある場所にいると判断したときには、ただちにそこから移動させなければいけない。

危険箇所からの離脱

ドラッグ法（2人）

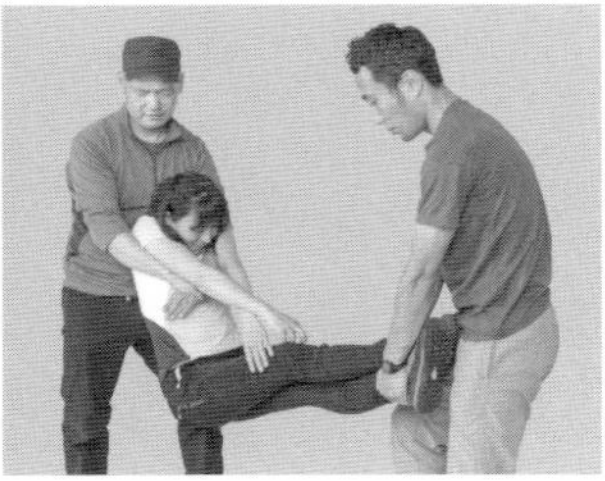

方法：1人のドラッグ法の状態から、もう1人が傷病者の両脚を抱えて持ち上げる
搬送に必要な人数：2人

ドラッグ法（1人）

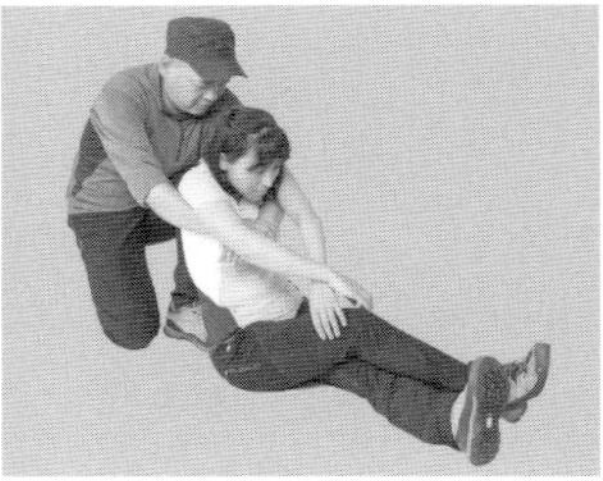

方法：傷病者の背後から片腕を回し、反対の手で自分の手首をつかみ、そのまま背後から引きずる
搬送に必要な人数：1人

このときの搬送法が一時搬送で、最も手軽にできるのは事故者を背後から引きずるドラッグ法だ。ただし、運べるのはごく短距離に限られる。

救助者が2人の場合には、ドラッグ法の状態からもう1人が脚を抱えて持つことで、持ち上げて運ぶことも可能だ。また、傷病者のダメージが脚だけのときは、組み合わせた腕の上に座らせる、腕車搬送法もできる。いずれも、単に引きずるドラッグ法よりも運びやすい。

もう少し長い距離の移動が必要なときは、1人が事故者を背負う、背負い搬送法で運ぶ。複数の救助者がいるときは背負った人のサポートをしよう。

ただし救助者に搬送できるだけの体力がない場合や、事故者が頚椎や脊椎を負傷していると思われる場合には無理な搬送はせず、救助要請をしたうえで、できる範囲内でのファーストエイドを行なおう。

比較的短距離の移動

背負い搬送法

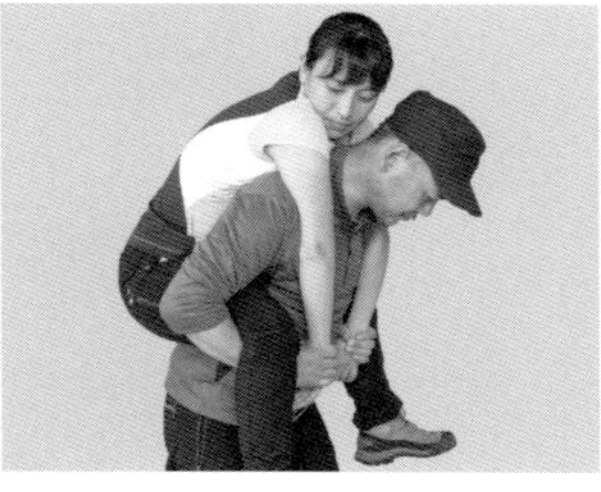

方法：傷病者を背負い、その膝下から自分の腕を入れて傷病者の腕をつかむ
搬送に必要な人数：1人
（複数人がいる場合はサポートをする）

腕車搬送法

方法：井げた型に組んだ腕の上に傷病者を座らせる。傷病者は救助者の肩をつかむ
搬送に必要な人数：2人

やや長い距離を運ぶ二次搬送

　傷病者を一次搬送で危険箇所から退避させ、ファーストエイドを行なった後も、傷病者が自力で歩行するのが困難なこともあるはずだ。その場合は救助者が引き続きサポートし、山小屋や登山口などへ搬送しなければならない。または、傷病者の重症度が高くて救助要請をした場合も、警察や消防から、傷病者の移動を求められることがある。多いのがヘリコプターでのピックアップがしやすい、開けた場所への移動だ。そういった比較的長い距離を運ぶための搬送法が、二次搬送となる。

　二次搬送を行なう場合には、プランニングが必要だ。まずは傷病者をどこまで運ぶのかを、はっきり決めること。山小屋や登山口であれば場所は明確だが、救助要請をしてヘリコプターに引き継ぐ場合は、

比較的長い距離の移動

ヒューマンチェーン法

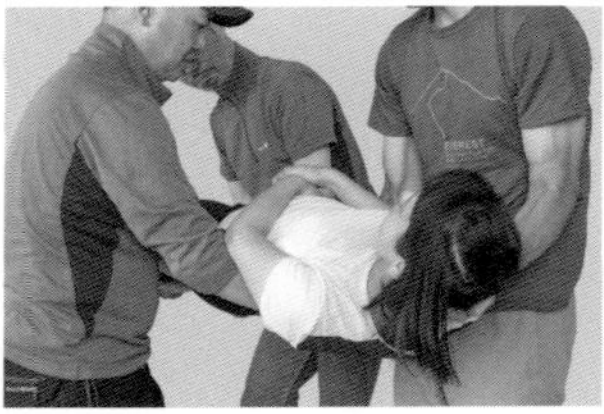

方法：傷病者の左右から救助者が向き合い、傷病者の体の下に差し入れた腕の手首を交互に握って持ち上げる
搬送に必要な人数：3～4人

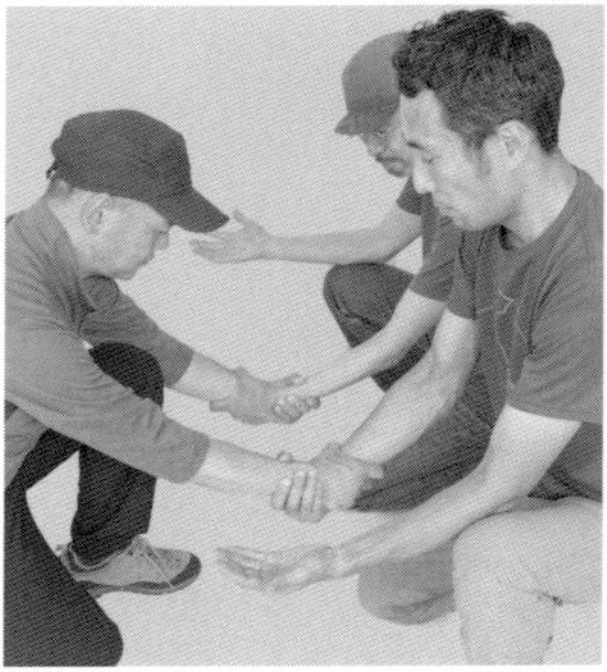

警察や消防と相談のうえ、ヘリコプターが接近できる開けた場所に運ぶことになるはずだ。

次は運び方を考える。二次搬送では長距離を運ぶことが多く、救助者が無理をすると逆に危険だ。救助者の人数と、使える装備から無理なくできる、安全で楽な方法を選ぶようにしたい。

距離がさほど長くはなく、3人以上の救助者がいて、登山道の道幅が広ければヒューマンチェーン法が早い。とても手軽にできる方法なので、ぜひ知っておきたい搬送法だ。

もっと距離が長い場合は、ザック担架法が確実だ。傷病者の体を、ウエストベルトを使って固定することもできるので、重症度の高い傷病者でも比較的運びやすい。ただし、ザック3つを使い、搬送者も4人から6人は必要だ。さらに全体をとりまとめるリーダーも必要となる。

ザック担架法

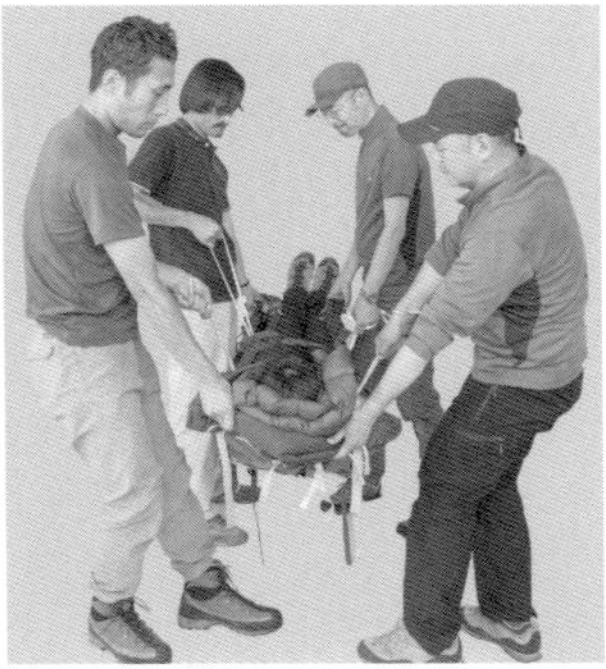

方法：同じ方向に並べた3つのザックのショルダーベルトをスリングなどで連結して担架を作り、そこに載せた傷病者の体をウエストベルトで固定する
搬送に必要な人数：4～6人

ロープワーク――習得が困難な技術

ロープを使って滑落や転落を防ぐ

急斜面につけられた登山道が崩落していたり、岩場に設置された鎖やハシゴが傷んでいたりなど、山では想定外の危険箇所が現われることがある。また仲間のケガや病気、激しい疲労のために、難所の通過を不安に感じることもあるだろう。

そのようなときに、バランスを崩したとしても転落や滑落を防ぎ、安全に通過できるようにするのが、一般道におけるロープを使った基礎的な技術だ。

正しいロープワークの習得は、非常に難しい。そして間違ったロープワークは危険であり、命を落とす原因にもなりかねない。独学で学ぶことは厳禁の、

山腹を横切る登山道が崩落している、
道幅の狭いトラバースで滑落の危険が
あるなど、横方向に進むときに使う

正確さが求められるシビアな技術だ。

また、本来のセルフレスキュー技術としてのロープワークは、アンカー作成、懸垂下降、引き上げシステム、自己脱出などを組み合わせた、さらに複雑で難解なものだ。一般登山者が、数回の講習会を受けた程度では習得は不可能だといえる。経験を積み重ねたクライマーが、その経験をベースにしたうえで学ぶことにより、身につけることが可能になるものであり、本書の対象からは外れている。

ここでは比較的習得しやすい、横方向の移動で使う固定ロープシステムと、縦方向の移動で使う確保(ビレイ)システムの概要を図で紹介する。実際に行なうためのロープ結束法などは、確実な技術をもった都道府県山岳連盟の指導員や、ガイドなどが行なう講習会を受講して学んでほしい。

切り立った岩場や滑りやすい斜面などを、確保して登り下りさせる方法

ファーストエイド――登山者必修の初期評価と応急手当

傷病者の症状を悪化させないための技術

山でケガや病気になった場合、街とは異なり救急車を呼ぶことはできない。たとえ救助要請をして、ヘリコプターで助けてもらうことになったとしても、すぐというわけにはいかない。したがって、傷病者が自分自身で、あるいは近くにいる登山者が、初期評価の知識をもってケガや病気の状態を把握し、その結果必要であれば、適切な応急手当てを施すことが求められる。この初期評価から応急手当てまでの一連の技術がファーストエイドだ。

ファーストエイドはケガや病気に対する治療ではなく、医療機関や救助隊に引き継ぐまでの間に行なう、補助的な手段だ。手持ちのファーストエイドキットや登山装備を使い、無理のない範囲で症状を悪化させないように手当てをする。そのためには知識と技術が必要となる。

登山者が山に向かう限り、山でのケガや病気をゼロにすることはできない。いつかは直面するそのような事態に備えてファーストエイドの知識と技術は、一連のセルフレスキュー技術のなかでも最も重要であり、必ず身につけたいものだ。

ファーストエイドの難しさ

実際に傷病者を前にしたときに、適切にファーストエイドを行なうのは難しいことだと思う。事前に練習をしていたとしても、流れ出る血や、傷病者の苦しむ姿を見たら、冷静さを保てないのではないだろうか？　さらに山の現場で、救助するために傷病者を動かすには、かなりの労力も必要だ。ファーストエイドには精神的にも肉体的にも、ストレスが伴うということは知っておいたほうがいい。

また、ファーストエイドを行なったことで、かえって悪化させてしまうことになったらどうしようと、行動を躊躇することもあるだろう。だが、山でのファーストエイドは、そもそも完璧にできるものではない。自分がもつ知識や道具を総動員して、最善を尽くすのがいいと思う。そして、ファーストエイドは、医師が行なう医療行為とは区別されている。行なったことでわるい結果になったとしても、民事上や刑事上の責任を問われる可能性は少ない。

もう一つ難しいのが、許可なく相手の体に触れると、不法行為と見なされる場合があることだ。特に男性が女性を救助するときが難しい。したがって、ファーストエイドを行なうときは、まず本人か同行者の同意を得るようにしよう。もし相手に意識がなくて、生命の危険があると思われる場合であれば、暗黙の同意があるものとみなされる。

まずは「START」で状況評価

事故が発生したり、傷病者を発見した場合に必要となる手順を、確実に漏れなく行なうためのフレームワークは、さまざまなものが考えられている。ここでは状況評価を行なうときの「START」と、重症度と緊急度を確かめるための「ABCD」という方法を紹介する。

「START」は、下に示したとおり、事故現場の状況と応急手当てや救助要請に至るまでの流れを、確実に把握するためのフレームワークだ。大きな事故に遭遇した場合には、パニックになったり茫然自失の状態になったりするかもしれないが、対処の第一歩は落ち着くことにある。

そしてS：転倒か、滑落かなどの事故原因の確認と、傷病者の人数を確認。同時に、T：時間の記録

状況評価の手順を示す「START」

S	Scene	状況確認、何が起こったか、傷病者の数
T	Time	時間を記録
A	Approach	現場へのアプローチ、接触方法
R	Risk	現場の危険性、救助者・傷病者の安全管理
T	Team	救助者の能力、装備、役割分担。救助要請の必要性

も始める。もし紙がなければ、スマートフォンやカメラで様子を撮影してもいい。さらにA：現場へ近づく方法と、R：現場の危険性を確かめる。

そのうえで、T：自分や周囲にいる人の能力や装備も確かめたうえで、一次搬送や応急手当てをどのように進めるかを判断していく。

なお、セルフレスキューやファーストエイドを行なう場合に、絶対に避けなければいけないのが二重遭難だ。もしこの段階で、現場の危険性や自分たちの能力を推し量ったうえで、一時搬送などが困難と判断したならば無理はせずに、即座に救助要請ということもあり得る。

救助を行なうと判断した場合は、接触する前にやること、接触したらまず最初にやること、時間に余裕ができたらやることを頭の中で整理してから、傷病者へ接近しよう。

ファーストエイドの手順

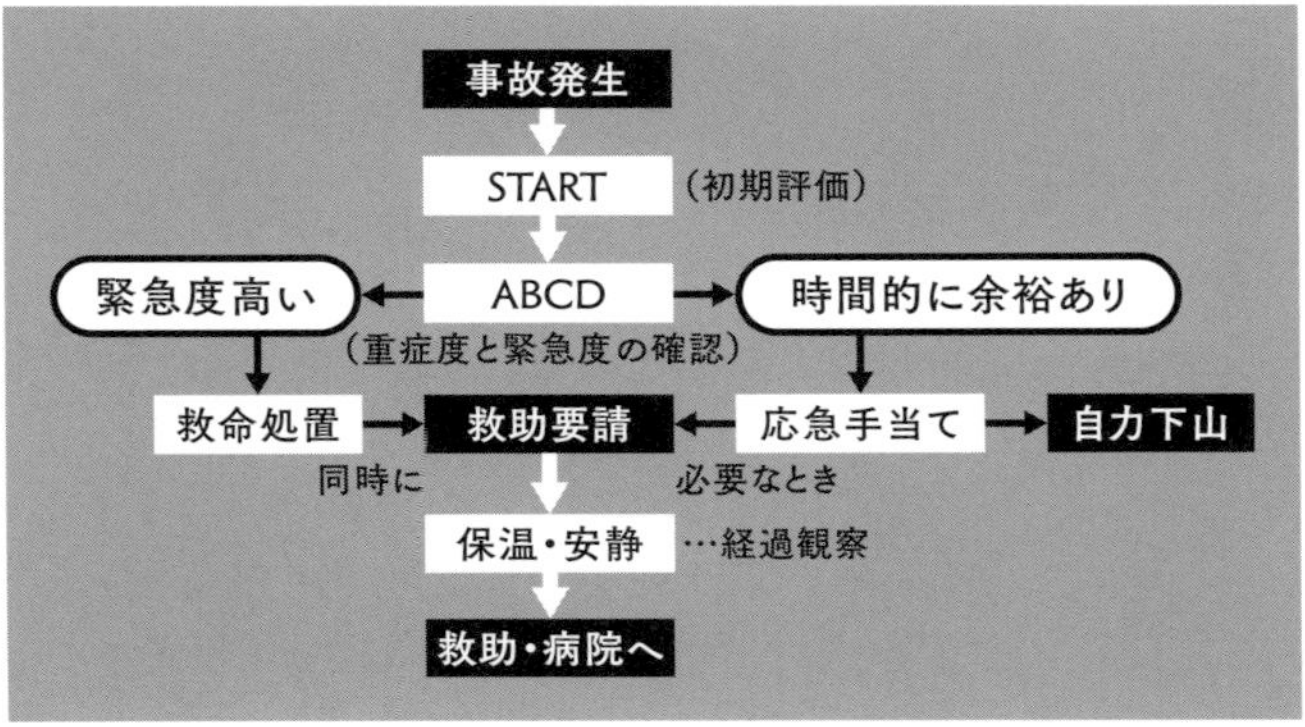

重症度と緊急度を確かめる

応急手当てを行なう場合の、重症度と緊急度を確認するフレームワークが「ABCD」だ。特に重要となるのは、「ABC」の部分。ここで確認する、A：気道は確保されているか、B：呼吸の状態はよいか、C：循環は安定しているか、出血はないか、のどれかに問題があれば、緊急度が高いと判断し、ただちに心肺蘇生（P144）や止血（P150）を行なうと同時に、救助要請する。

呼吸・脈拍がある場合は、続けてD：意識レベルの確認をする。ここでは意識の覚醒度を3段階に分ける、ジャパンコーマスケールを使う。具体的には、なにもしなくても目を開けていれば意識がある（レベルⅠ）、つねったり揺すったりして目を開けば中等度の意識障害（レベルⅡ）、刺激をしても目を開

重症度と緊急度を確かめる「ABCD」

A	Air Way	気道
B	Breathing	呼吸
C	Circulation	循環・出血
D	Dysfunction of CNS Disability Deformity	意識障害 機能障害 変形

かない場合は重症の意識障害（レベルⅢ）と判断する。重症のときは、やはり救助要請が必要だ。要請後、救助を待つ間は、会話を交わしたりしつつ意識レベルの経過を観察する。

次は手足の変形を確かめる。ここで大切なのが全身チェックだ。傷病者の意識は最も痛みを感じる部分に集中するが、他の部位にも深いダメージがあるかもしれない。足の上から爪先、さらに背中まで、見たり、音を聞いたり、触ったりして、異常がないか確認しよう。

傷病者の応急手当てをするのは、一連の評価が済んでからだ。症状に応じた傷口の処置や、捻挫や骨折の固定などをする。救助要請を行なった場合は、傷病者を保温したうえで楽な体勢にし、必要であれば二次搬送もしてから救助を待つ（具体的な応急手当ての方法についてはＰ１４４からを参照）。


ここも注目！

救助を待つときの注意点

救助要請をしたとしても、街のなかとは異なって、待機時間は数時間から一晩以上に及ぶことも少なくない。したがってまずはビバークの体勢を作ってから、救助を待つことになる。そのとき、救助を待つ間も継続して「ＡＢＣＤ」や症状の変化を観察し続けることが重要だ。

また傷病者に応急手当てを行なった後は、しっかりと保温をしよう。ところでその保温には、つい救助者が手持ちの防寒着などを使いがち。しかし、それでは無事に傷病者を救助のヘリコプターに引き継いだ後に、自分のための防寒着がない、ということになってしまう。気温が低く、日没が迫っているようなときであれば、今度は逆に救助者が危険にさらされる。そうならないためにも、保温をするときには傷病者自身のザックから防寒着を取り出し、着せるようにするのが基本だ。そのほか、なにか必要なものがあるときも、傷病者自身の装備から使うようにしよう。

持っておきたいファーストエイドキット

ファーストエイドキットは、まずは必携のものを用意し、いざというときに備えていつも持つようにしよう。あとはあると便利なものを参考にして、季節や必要性に応じて自分でアレンジしていくといい。

❶三角巾：腕を吊ったり足を縛ったり、止血などに使う。購入したまま持つのではなく、帯状に折りたたんでから防水パックに入れて携帯しよう
❷ガーゼ（滅菌、非滅菌）：傷口の保護や圧迫止血に使う。M、Lサイズ各2枚程度
❸新聞紙：固定時にギプス代わりに使う。5枚程度
❹エラスコット：巻きやすく、安定感がある弾性包帯。骨折時の固定やテーピングの代わりに使う。2巻
❺医療用手袋：ほかの人を手当するときに使う。数枚
❻絆創膏：山では一般的なガーゼ＋テープのものが確実。各サイズ数枚ずつ
❼ピンセット：傷から細かいゴミを取り除くときに使う
❽ハサミ：テープを切ったりするときに使う。文房具でOK
❾ペットボトルの蓋：事前に中央に穴を1つ開けておく。飲料水で傷口を洗うために必携
❿3Mマイクロポア（茶テープ）：皮膚が多少濡れていても貼れる。傷口をふさぐときに使う
⓫3Mトランスポア（白テープ）：手で簡単に切れる。包帯やガーゼを固定するときに使う
⓬消毒液：個別包装のものが便利。傷口の消毒に使う
⓭アルコール綿：ピンセットなどを拭くために使う
⓮内服薬：鎮痛解熱剤、胃腸薬など、飲み慣れているものを少量
⓯パック：ほかの人でもファーストエイドキットであることが一目瞭然のものを用意

---

❶うちわ：熱中症の人に風を送るために使う
❷折りたたみ式ノコギリ：枝を切って副木を作ったり、焚き火の薪を用意するのに使う
❸タオル：止血のときにガーゼの代わりに使う
❹自着性包帯：衣服や肌には着かないが包帯同士はくっつき巻きやすい。粘着テープの使えない部位の固定に使う
❺サムスプリント：アルミ合金にウレタンがコーティングされた自在副木。受傷箇所に合わせて固定できる
❻折りたたみ傘：熱中症の人の日差しをさえぎる
❼ツエルト：ビバーク時以外にも、風や寒さから体を守るために使う
❽エマージェンシーシート：体の放射熱を反射し、体温を守るために使う
❾安全ピン：ウェアを使って腕を吊る場合に使う
❿冷却スプレー：タオルなどに吹き付けると氷ができる。熱中症や捻挫の冷却に使う

必携キット

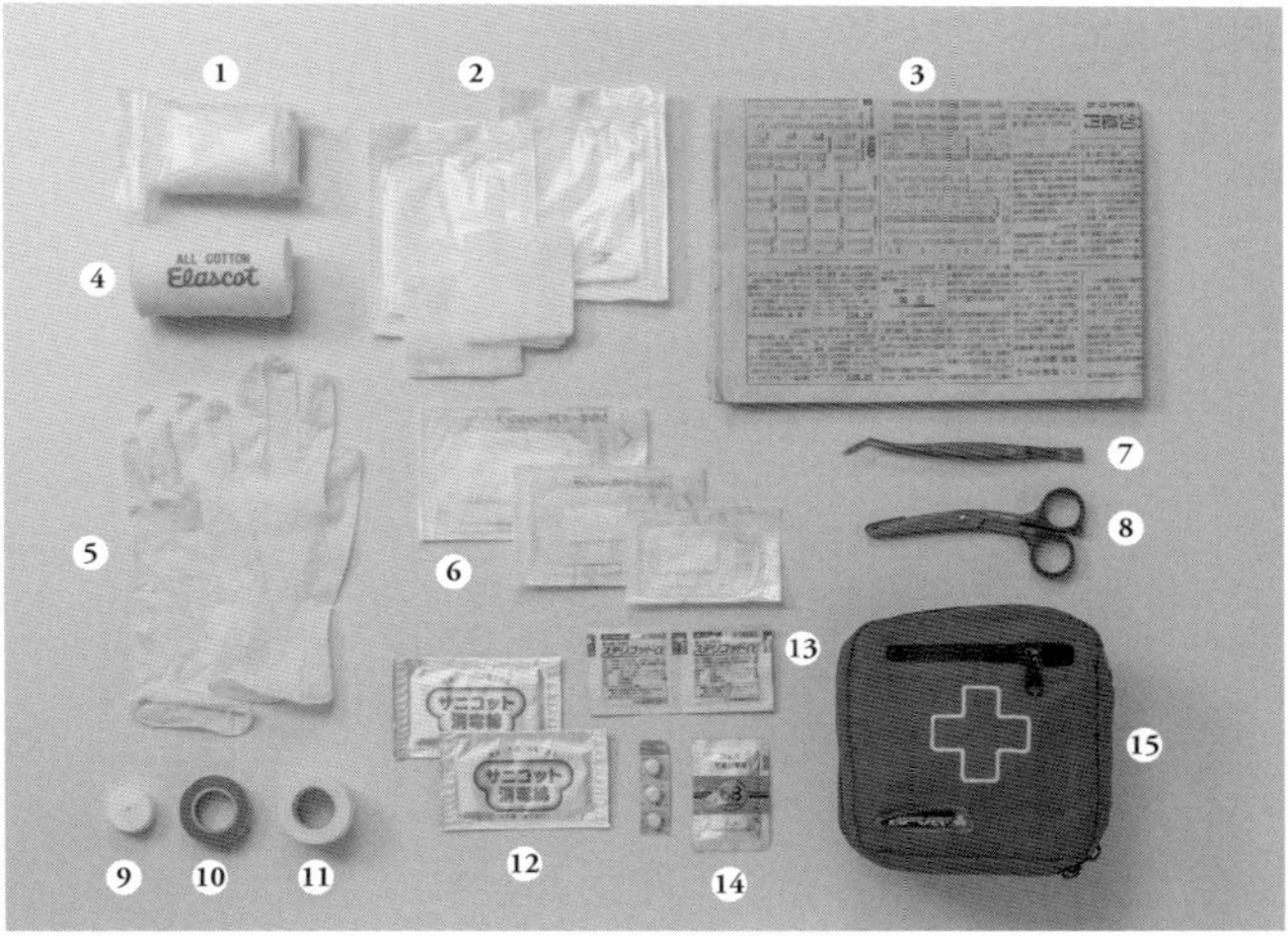

あると便利なもの

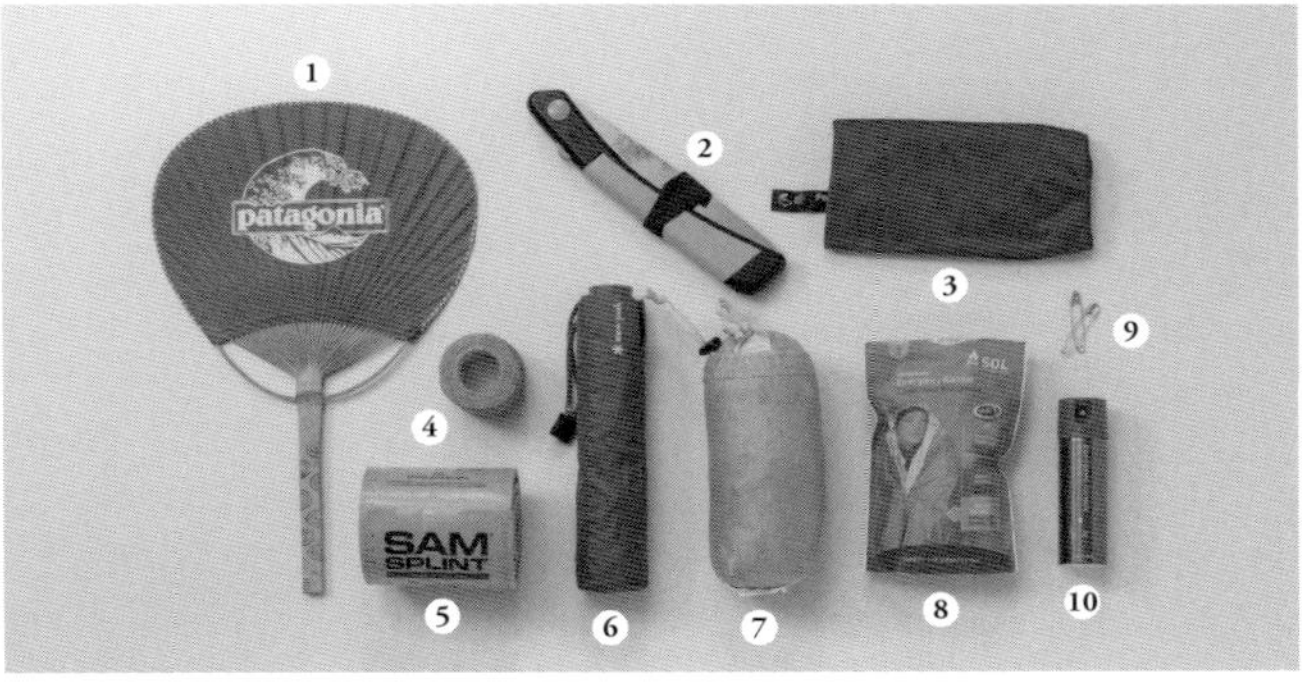

心肺蘇生法

傷病者の初期評価をした段階で、呼吸や脈拍がない場合は、とても緊急度が高い状態だ。次の手順で心肺蘇生を行なうと同時に、救助要請をする。周囲に登山者がいるときは声をかけて協力を求めよう。

①気道確保

人は意識を失うと、舌の付け根が気道（鼻や口から肺までの空気の通り道）をふさいで、呼吸ができない舌根沈下の状態になってしまう。直ちに気道を確保する動作を取ろう。

このときの注意点は、口や鼻の中に嘔吐物などの異物がないか確認すること。異物があると気道確保そのものができないので、まず先に除去する。口の中に指を入れて、かき出すように取り除こう。首にケガがない場合は、横を向かせて吐き出させる。

下顎挙上法

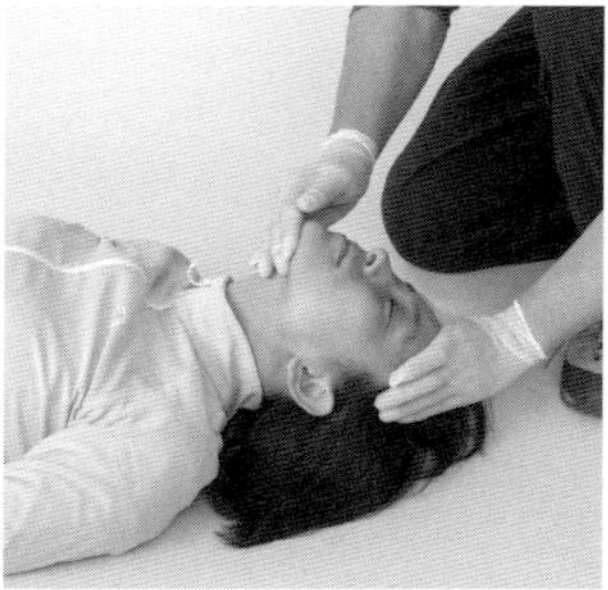

下あごを上に押し上げる方法。より確実な気道確保ができるが、胸骨圧迫を同時に行なうときにはやりにくい

頭部後屈法

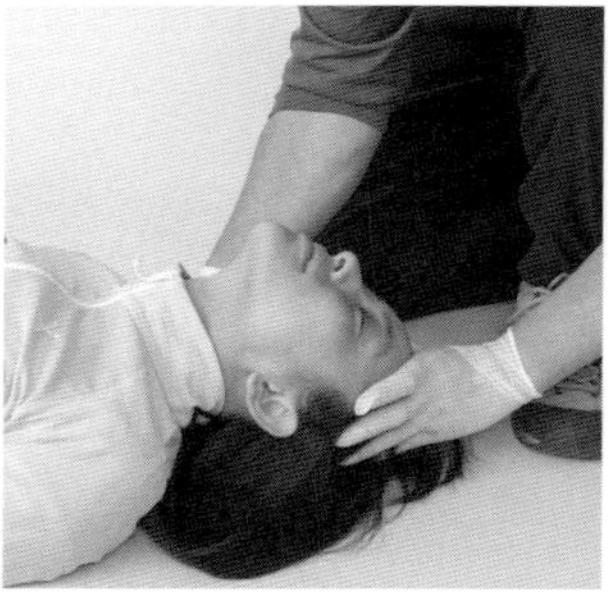

傷病者の首の下に手を入れて、あご先を持ち上げるようにして頭を後ろに反らす、一般的な気道確保の方法

口の中の異物がなくなったら、傷病者を仰向けにして気道確保をする。方法は、頭部後屈法と、下顎挙上法の二つがある。

いずれの方法も、傷病者が頸椎を損傷している可能性のあるときはやりにくい。その場合は、頭を後ろにそらさないように注意し、下あごだけ押し上げて気道を確保する。

②人工呼吸

しっかりと気道確保ができていることが確認できたら、人工呼吸を行なう。

人工呼吸用のフェイスシールドを持っている場合は、感染予防のために傷病者の口にあてがう。

次に傷病者の頭を後ろに反らせ、鼻から空気が漏れないように指でつまむ。そのうえでマスクの上に口を当てて、大きく2回、それぞれ2秒間程度息を吹き込む。

人工呼吸の方法

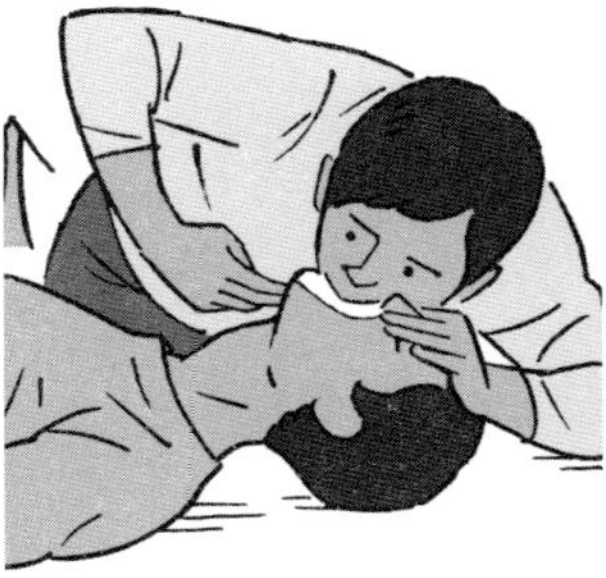

鼻をつまんでふさぎ、直接口をつけることを避けるためにフェイスシールドを当てて、2秒ほど息を吹き込む

呼吸の確認

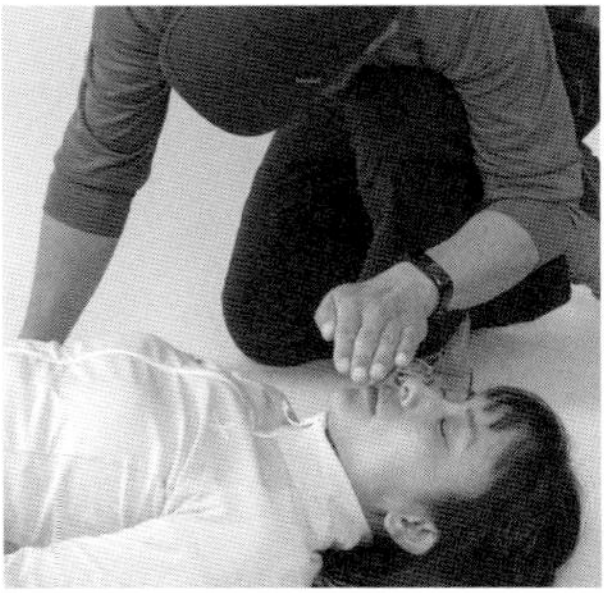

胸が動いているかを観察しつつ、鼻や口の上に手をかざして、呼吸が戻っているかを確かめる

このときの目線は傷病者の胸の位置。息を吹き込んだときに胸が膨らめばOKだ。呼吸停止からの時間が短いときは、人工呼吸を行なうと自分で呼吸ができるようになって、顔色もよくなる。息を吹き込むと抵抗感があり、胸も膨らまない場合は、気道確保ができていないか、口の中に異物が残っているかのどちらかだ。もう一度気道確保の手順をやり直そう。

③胸骨圧迫

人工呼吸に引き続き、直ちに胸骨圧迫を始める。

胸骨圧迫は胸骨（胸板）を反復的に押すことによって、心臓の血液を人工的に全身に送り出す方法で、中断することなくやり続けることが大切だ。

行なうにはまず、傷病者を仰向けにして、傷病者の胸の横に膝で立つ。それからは胸の中央、左右の乳首を結んだ線の真ん中に片方の手のひらを置き、もう一方の手を組むように置く。そして肘を曲げないようにして上体の体重を乗せて圧迫する。押す強さは、胸が5㎝程度沈むくらい。テンポは1分間に100回以上が目安だ。

ポイントは常に真上から押すこと。胸骨から外れ

胸の上の手の置き方

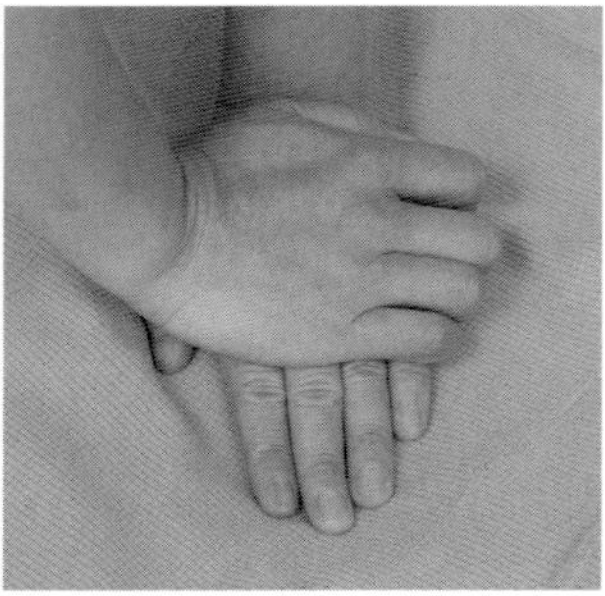

胸の中央部の胸骨に手のひらを置き、もう一方の手を組むように置いて、下の手のひらの付け根の部分で押し下げる

て圧迫すると、肋骨が折れることもある。体重をかけて胸骨の下にある心臓を圧迫したときに、押し出された血液が全身に回り、体重を抜いたときは心臓に戻ってくるイメージを描きながら、数を数えつつ、リズミカルに圧迫を続けよう。疲れると圧迫が不充分になり、リズムも乱れる。ほかの人がいれば代わってもらうのがよいが、中断は最小限に留めるようにすること。

胸骨圧迫を30回行なったら、人工呼吸を2回組み合わせて、5サイクル（約2分）行なう。その後、10秒間程度頸動脈に触れ、脈を確認。ここで脈拍があれば心臓の鼓動は再開しているが、なければ引き続き胸骨圧迫と人工呼吸を行なう。また心臓の鼓動が再開しても呼吸がない場合もある。そのときは人工呼吸を行なう。

もし、山小屋などにいて、ＡＥＤが用意できるの

胸骨圧迫の姿勢

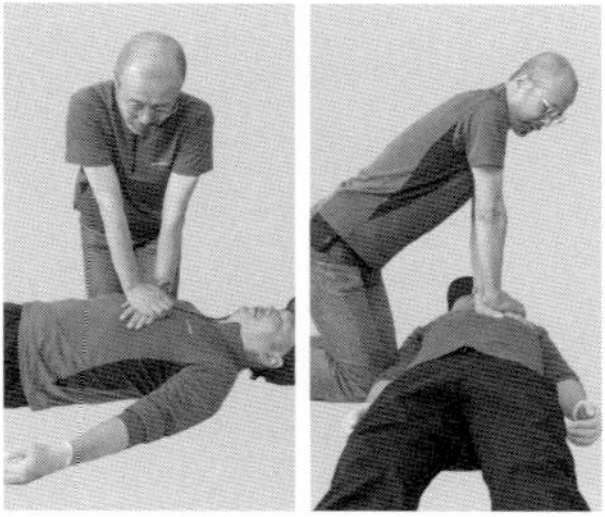

よい例

肩の位置を真上にもってきて、腕をピンと伸ばして鉛直方向に押すのが正しい圧迫の方法だ

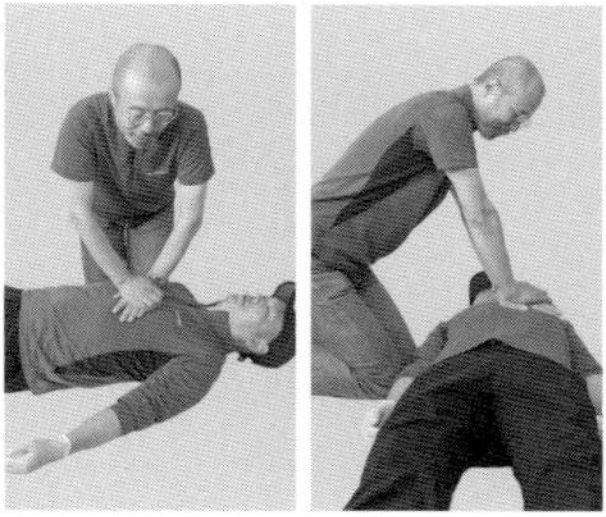

わるい例

腕が曲がっていたり、斜め上から押すような姿勢では、力が伝わらないため圧迫の効果は低い

であれば、可能な限り胸骨圧迫を継続しながら、速やかに装着して作動させる。あとは次ページのように、AEDの指示に従う。

なお、最近は胸骨圧迫が最優先で、人工呼吸を省略するという考えもある。脳への血流を閉ざすことがないようにするためだ。しかし沢で溺れたり、雪崩に埋没したりと、呼吸ができなくなったことから脈拍も止まった場合には、人工呼吸は必要とされている。

心肺蘇生を中止するのは、心臓が動き始めて呼吸も戻ったときだ。ただし、再び心肺停止になることもあるため、引き続きの観察が必要だ。

あとは傷病者を救助隊に引き渡すときに加えて救助者に危険が迫った場合や、特に時間に決まりはないが、心肺蘇生を長時間行なっても反応がないときには、中止するのもやむを得ない。

ここも注目!

呼吸停止後、何分生きられるか?

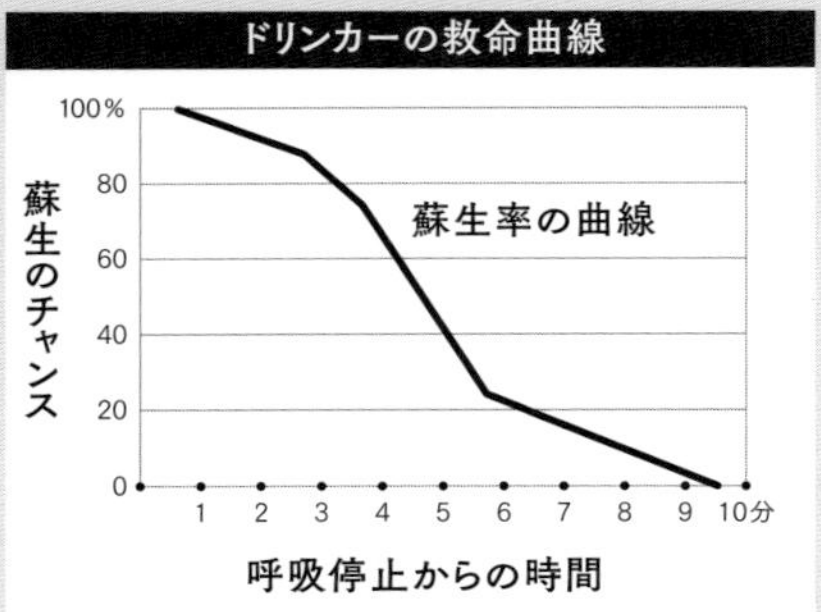

呼吸停止後の蘇生率の違いを表わした「ドリンカーの救命曲線」によると、1分以内に蘇生を行なえば98％以上は呼吸が戻る。2分後では90％、3分後には75％、4分後には50％と蘇生率は下がってしまう。約4分で心臓も止まり、脳に障害が起きる。なるべく早く、正確な心肺蘇生を行なうことが大切だ。

ＡＥＤの使い方

ＡＥＤは（Automated External Defibrillator）の略で、日本語では自動体外式除細動器という。電気ショックを心臓に与え、心臓のリズムを元に戻す機器だ。自動化されていて操作は難しくはなく、医師でなくとも扱える。今では山小屋の多くにこのＡＥＤが設置されているので、登山中に使用することも充分あり得る。事前に救命講習会などで操作の訓練を受けておくといい。

ＡＥＤが有効なのは、心室細動という、不整脈を起こしている心臓に対してのみ。完全に止まってしまった心臓には作動しない。心停止したと思われる人がいるとき、近くにＡＥＤがあるならば、ＡＥＤを準備すると同時に心肺蘇生を行ない、準備ができ次第ＡＥＤに移行する。

AEDの手順

1. 傷病者の体から金属類を外しておく。
2. 2つのパッドは心臓を挟むように装着する（図参照）。
3. 装着すると、音声による指示が出るのでそれに従う。
4. AEDが心臓の状態を解析して、電気ショックをかけるという指示が出た場合は、感電しないように周囲の人は離れ、誰も傷病者に触れていないことを確認したうえで、操作者がショックボタンを押す。
5. 電気ショックを加えても、脈拍はすぐには回復しない。AEDが放電したら、胸骨圧迫を再開する。

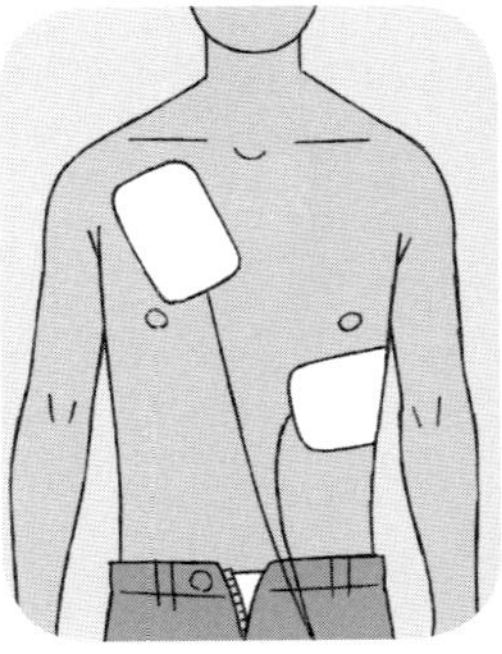

すり傷・切り傷の処置

まずは傷口を観察し、出血量と傷の状態によって止血と洗浄の優先順位を決める。もし、動脈が傷ついて、脈打つように出血している場合には緊急度が高いので止血が先だ。にじむような出血の場合には、先に傷口を洗浄し、洗浄後にも出血が続くようであれば止血する。止血をし、洗浄ができたら傷口をふさぐ。

なお、処置の際には感染症防止のため、必ずゴム手袋など密閉された手袋をして行なうこと。手袋がない場合は、ビニール袋などで代用する。

①止血

出血には、傷口から脈のリズムで血の出る動脈性出血と、傷口からじわじわと血の出る静脈性出血があるが、止血をする方法は同じだ。出血部に清潔なガーゼやタオルを直接当ててやや高くし、ホースの穴をふさぐように、止めるポイントを見極めて根気よく圧迫する。

上から圧迫することで血管がふさがれ、そこに血液を固める機能が働き、血管の切断部が固められる。大きな出血であれ、小さな出血であれ、根気よく圧迫していれば、血は15分ほどで止まる。ただし、ガーゼやタオルが分厚いと圧力が分散して血が止まりにくい。指の力が伝わるくらいの厚さにするのがポイントだ。

頭部や顔面は血流が豊富で、小さな傷でも血が大量に流れ出る。しかし、これも圧迫すれば必ず止まるので、出血量の多さに慌てないこと。

②洗浄

傷にはすり傷、切り傷、刺し傷などがあるが、そのようにして皮膚が破れると、細菌が入って化膿しやすい。傷の面積が広いほど悪化する可能性が高まるので、しっかり洗浄しよう。

まずは、傷口全体をよく観察する。服の下にも傷があるときは、ナイフやハサミで服を切ることもやむを得ない。このとき、傷の中に砂、岩くず、草、木くず、コケなどが入っていると悪化しやすい。必要に応じてピンセットなども使い、できる限り取り除く。

続けて徹底的に傷を洗う。飲用水を入れたペットボトルを用意し、穴を開けたキャップに交換して、

水で汚れを洗浄する

山のケガでは傷口は汚れているので、飲料水を使って傷口を洗浄する。見た目できれいになるまで、丁寧に洗おう

傷口を指先で押さえて止血

傷口を高く上げ、タオルやガーゼを厚くしないように当てて、ホースを塞ぐような気持ちで止血する。時間の目安は15分

ビニール袋などで感染症を防ぐ

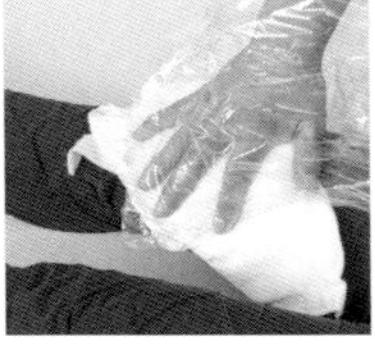

傷病者に触れるときは、血液からの感染症を防ぐため医療用手袋を着用する。ないときはビニール袋などで代用できる

水圧をかけて、見た目がきれいになるまで汚れを洗い流そう。登山中、飲料水は貴重だが、穴を開けたキャップを使って勢いよく水をかけることで、水を節約しつつ効果的な洗浄ができる。

充分に傷を洗ったら、なるべく清潔なタオルやガーゼで血や傷口の水分を拭き取る。

細菌が傷の中で繁殖しやすくなるのは、ケガをしてから6時間以降。したがって、できる限り速やかに傷口を洗浄することが大切だ。

③傷口を閉じる

傷口が小さければ、絆創膏を貼るだけで充分だ。広い場合は、皮膚が濡れていても比較的つきやすいマイクロポアテープを使おう。

傷が直線的で浅い場合は、マイクロポアテープを細くカットして、傷口を寄せ合わせるようにして固定する。

穴を開けたボトルのキャップ

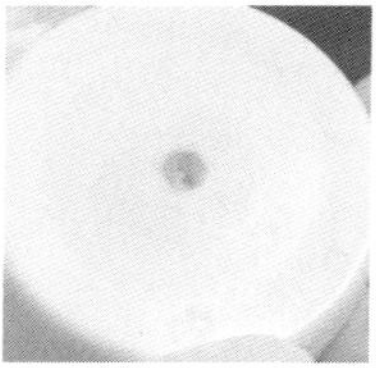

傷口を洗うときに便利なのが、穴を開けたキャップ。これをボトルに着けて、勢いよく水をかけて汚れを落としていく

傷口は皮膚を寄せて留める

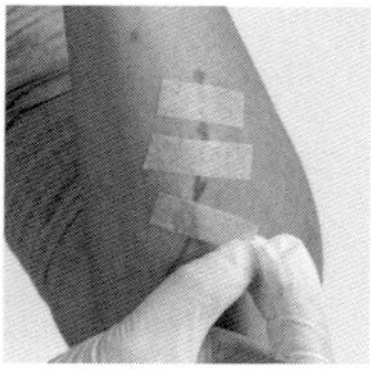

傷口は皮膚をよせて、濡れても貼れるマイクロポアテープで留める。体液を逃すため、両端と途中には隙間を開けること

ガーゼなどで傷口を保護する

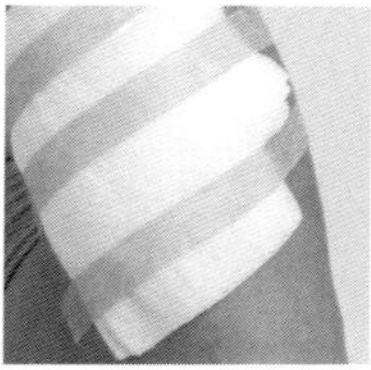

全体を覆える大きさのガーゼで傷口を保護する。ガーゼがない場合には、ハンカチやタオルなど手持ちの布で代用できる

傷が長い場合は、傷の端から等間隔で固定していく。このとき、体液の逃げ道を残すため、傷の両端と途中にすき間を開けること。

また、傷がかぎ裂きになっている場合は、かぎ裂きの頂点から固定する。このときも傷が長い場合は、そこから等間隔で固定する。どちらも固定ができたらガーゼで保護して、包帯で覆う。

なお、山でケガをした場合には汚染されている可能性が高い。傷口を完全にふさぐ湿潤療法は避けたほうがよい。

傷口全体に包帯を巻く

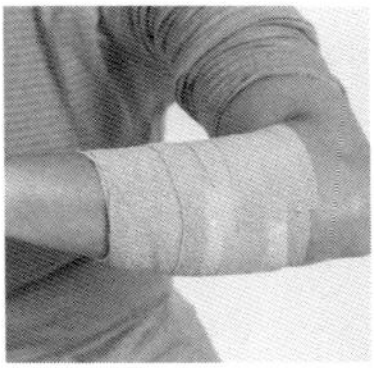

体の末端側から転がすようにして、傷口を覆ったガーゼ全体を包むように巻いていく。傷口の応急手当てはこれで完了だ

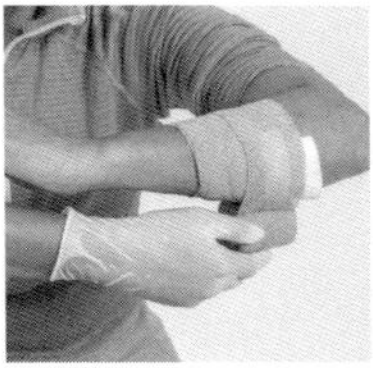

ガーゼがずれるのを防ぐために包帯を巻く。巻くと着く自着性包帯が便利。包帯は巻いてある側が外側になるように持つ

ここも注目!

破傷風の予防接種を受けよう

日本国内で、毎年100人程度の人が感染する破傷風。主に傷口に破傷風菌が入り込むことによって発症する。症状は口が開きにくくなる開口障害などから始まり、重篤化すると呼吸麻痺や全身の痙攣などの症状が現れ、3割程度が死亡する。

破傷風菌は自然のなかのあらゆる所に存在するため、登山中のケガが原因で感染することも考えられる。予防接種を受けるとほぼ完全に防げるが、その効果は10年で失われる。子どもの頃に受けた人でも、20歳頃には効果はなくなっているはずなので、あらためて予防接種を受けるようにしたい。

予防接種ができる病院は、保健所で問い合わせるとよい。

頭や頸部の外傷

頭部に落石を受けたり、転倒や滑落、転落の際にぶつけることで頭部にケガを負うことがある。頭部に外傷があって意識がないときや、頸部に外傷があって手足に麻痺がある場合は、できる限り動かすことを避け、直ちに救助要請をする。

特に緊急性のない、頭の表面のすり傷や切り傷は、他の部位と同様に止血と洗浄をする。頭部は出血量が多くて驚くことが多いが、頭蓋骨があるため圧迫しやすく、止血は行ないやすい。

その後は三角巾で頭全体を覆って保護をしよう。

頭部の外傷の種類

① **硬膜下血腫**：脳の中の硬膜の内側が出血している状態で意識障害がある。

頭部の外傷の部位

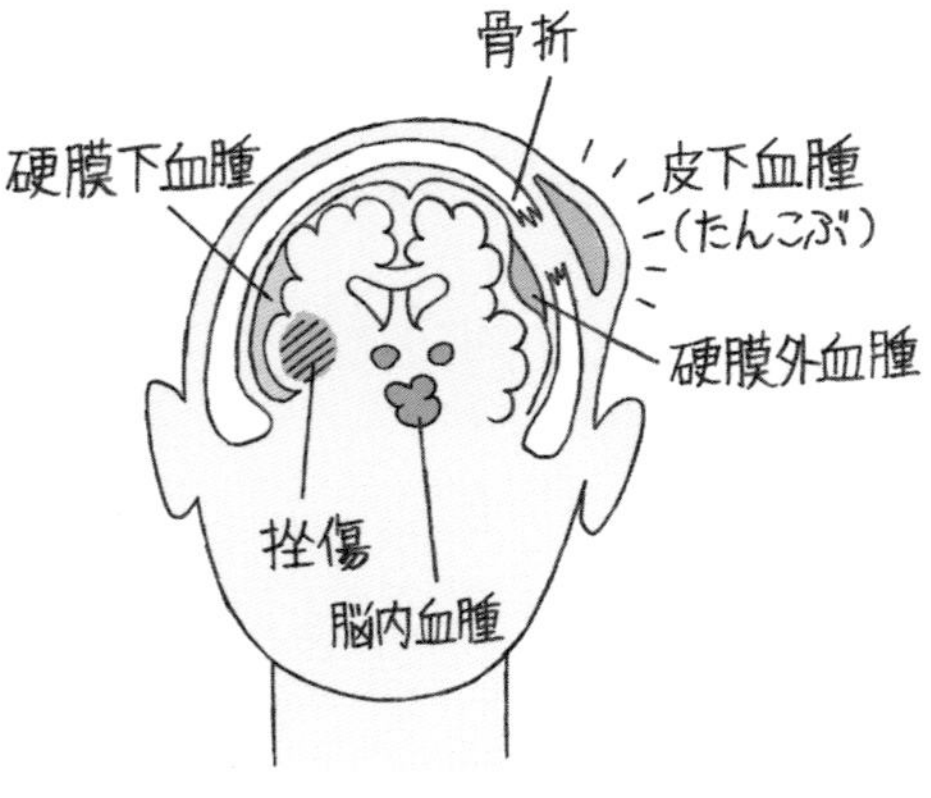

↓山中での救命は難しく、直ちに救助要請する。
②硬膜外血腫：脳の中の硬膜の外側が出血している状態。血の固まりが次第に大きくなると、最初は意識があるものの、徐々に意識がなくなってくる。
↓直ちに救助要請をしよう。
③頭蓋底骨折：目の周辺や耳、または耳の後ろから出血している状態。
↓山中での救命は難しく、直ちに救助要請する。
④皮下血腫（たんこぶ）**：**これは意識、呼吸、脈拍とも正常で特に問題はない。
↓痛い場合は冷やす。
⑤脳挫傷：脳そのものが損傷を受けた状態。
↓症状に差があり、判断は難しい。
⑥脳内血腫：脳挫傷による出血が脳の内部にたまり、激しい頭痛や嘔吐、意識障害が起こる。
↓直ちに救助要請をしよう。

頭の保護

頭の表面の緊急性がない外傷の場合は、前ページと同様に止血、洗浄、固定を行なった後、全体を三角巾で覆う

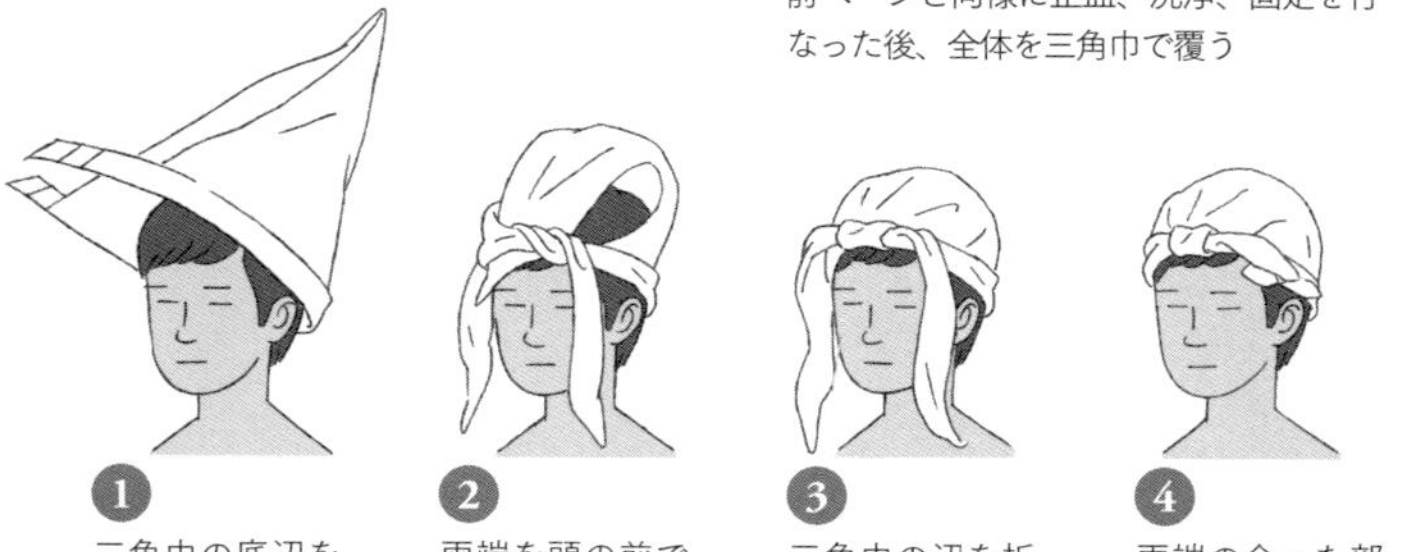

1 三角巾の底辺を数回折り返して後頭部に中央を当て、両端を頭の前に回す

2 両端を頭の前で交差させ、三角巾の頂点を頭を覆いつつ交差部の下に入れる

3 三角巾の辺を折り返し部分に差し入れて、形を整えつつ前の交差部を締める

4 両端の余った部分をぐるりと頭部に回し、全体が緩まないようにきつく結ぶ

足首の捻挫

捻挫は、関節に無理な動きが加わって、関節を包んでいる袋や関節をつなぐ靭帯が伸びることによって起こる。登山では下山中に、不安定な足場に乗ってしまったことにより、強く足をひねることで痛めてしまうことが多い。応急処置は「あれやった」療法が基本だ。

「あれやった」療法

「あ」：圧迫のこと。三角巾やテーピング用テープで固定する。
「れ」：冷却のこと。冷たい水や、雪渓が近くにあればその雪で冷やす。
「やっ」：休むこと。痛みがひどいときは安静にして、歩かないように。
「た」：高くすること。部位を心臓より高く上げ、腫れを防ぐ。

山で行なう応急処置は、本来は歩いてはいけない人を、安全な場所に退避するまでの間だけ歩かせる、補助的で簡易的な処置となる。素早く、簡単に行なえることがポイントだ。

トランスポアを足の甲の人差し指の付け根から小指側の土踏まずに回し、さらに内側のくるぶしの下からアキレス腱を越えて、外側のくるぶしの上を通って脛の骨の前まで巻く。少しずらして、

3回巻くとよい。足首全体を包み込むようにテーピングするのは、血行障害を起こすので避けること。特に腫れがひどいときはテーピングはせずに、骨折と同様に脚を固定する。

　また痛みがひどくなければ、さらに簡易的な方法の、登山靴の上から三角巾で縛る応急処置も効果的だ。

直接固定する

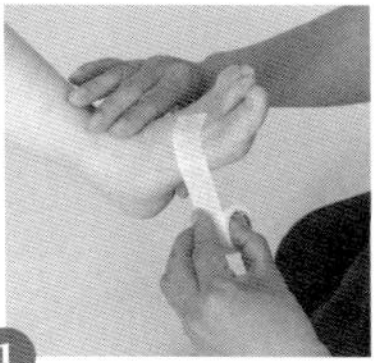

1 人差し指の付け根の上にある骨から巻き始める

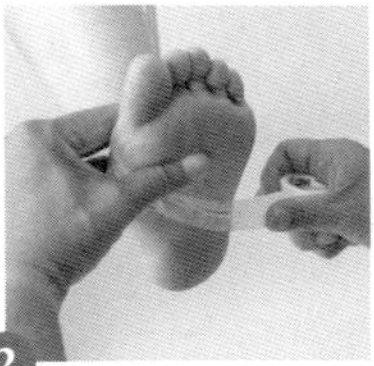

2 土踏まずに回り込み、そのままくるぶしへ回す

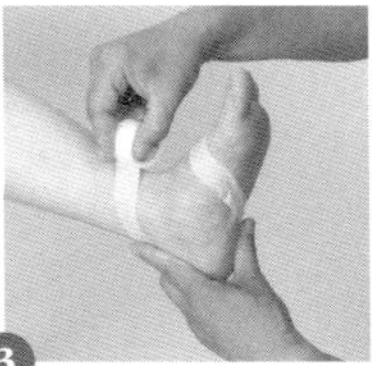

3 足首の直角を維持しつつ脛の骨の前で留める

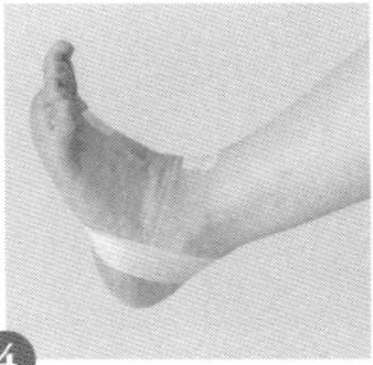

4 少しずつずらして3回巻くと圧迫効果が高い

靴の上から縛る

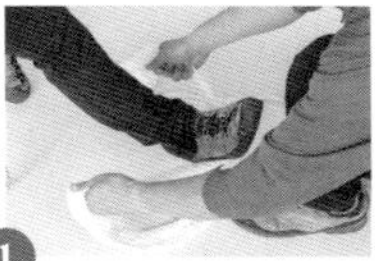

1 包帯状にたたんだ三角巾を、靴底に当てる

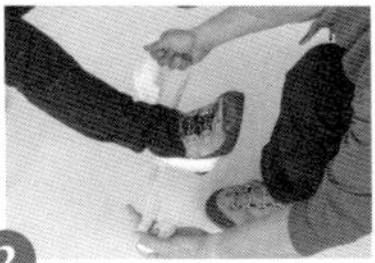

2 三角巾の末端を強く引きながら後ろで交差させる

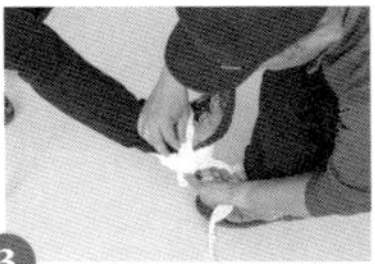

3 前で交差して側面の三角巾の下に差し入れる

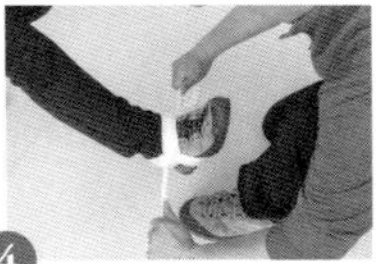

4 末端を左右に引いてきつく締め上げていく

5 緩まないように前できつく縛って完成

骨折の手当て

骨折には、折れた骨が皮膚を突き破って外に飛び出した開放骨折と、皮膚の内側で骨が折れている皮下骨折の2種類がある。開放骨折はひと目見て明らかで、緊急度が高い。次ページを参照し、救助要請と応急手当てを行なおう。

皮下骨折しているかどうかは、受傷部位を観察して判断する。まず、骨折直後は強い痛みがあり、顔面蒼白になって冷や汗をかいたり、吐き気を起こすこともあるので注意しよう。精神的なショックもあるので、傷病者を元気づけ、体の保温をしながら、受傷部位を観察していく。

ここで手や足が変形していたり、関節以外の通常は動かない箇所が動くようであれば、骨折は明らかだ。また、受傷部位で骨がすれる音がする場合も、骨折しているとみて間違いない。

そこまで明確でない場合、骨折かどうかの判断はとても難しいが、痛みや腫れ、内出血があれば骨折が疑われる。もし、骨折かそうでないか迷った場合は、骨折したと考えて応急処置をしよう。下山後に医療機関を受診した結果、骨折でなかったとしても、その処置は間違ってはいない。

骨折の応急処置は、骨折部位を固定することだ。固定することでぐらつきを防ぎ、痛みを軽減するほか、折れた部位がずれることを防いだり、骨の断面で血管や神経を傷つけることを防ぐ効果がある。

骨折の固定は、折れたと思われる箇所の上と下の2つの関節を、固定材料を使って強く固定するのが基本。この時、骨折部は絶対に回転させないこと。また骨折部そのものを縛らないように注意する。傷病者を移動させるのは、通常は固定の処置が済んでからだ。

固定材料にはウレタンコーティングされたアルミシート（サムスプリント）があるが、かさ張るのが難点だ。簡単なのは新聞紙で、普段から5枚程度をザックの背当てに入れておくとよい。使用時はそれを折りたたんで骨折部位にあてがい、弾性包帯のエラスコット（P142）で巻き上げる。このときは、骨折部位の上下2カ所の関節で強く巻くのがポイントだ。一方、骨折部位は強く締めると血行障害を起こすため、緩めにする。

左の方法は転んで手をついただけで折れやすい、撓骨遠位端の骨折時にも効果的だ。

腕や手首の固定

1

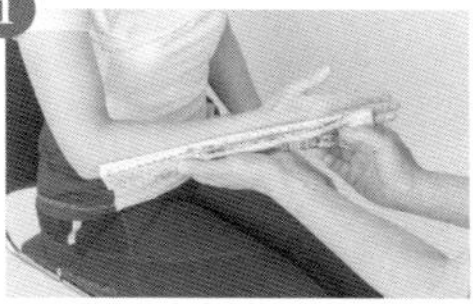

新聞紙を下から当てる

2

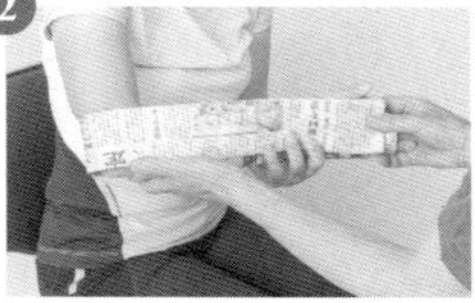

別の新聞紙でひじからくるむ

3

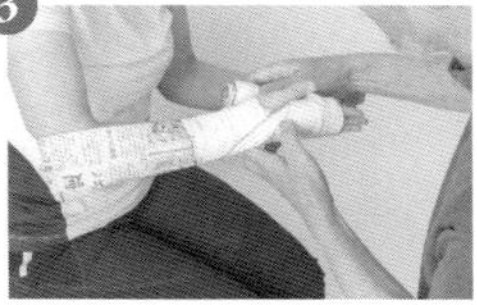

手首から弾性包帯で巻く

4

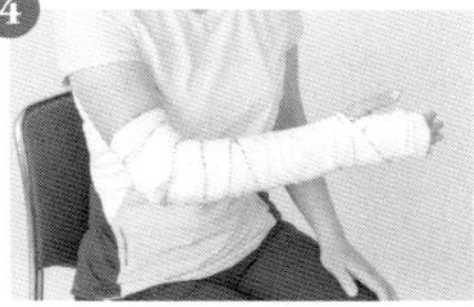

ひじの関節まで巻き上げる

5

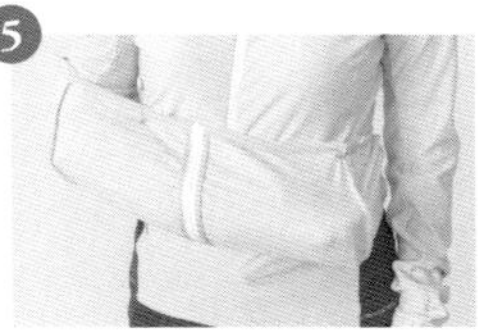

安全ピンを使い服で吊る

鎖骨の固定

前

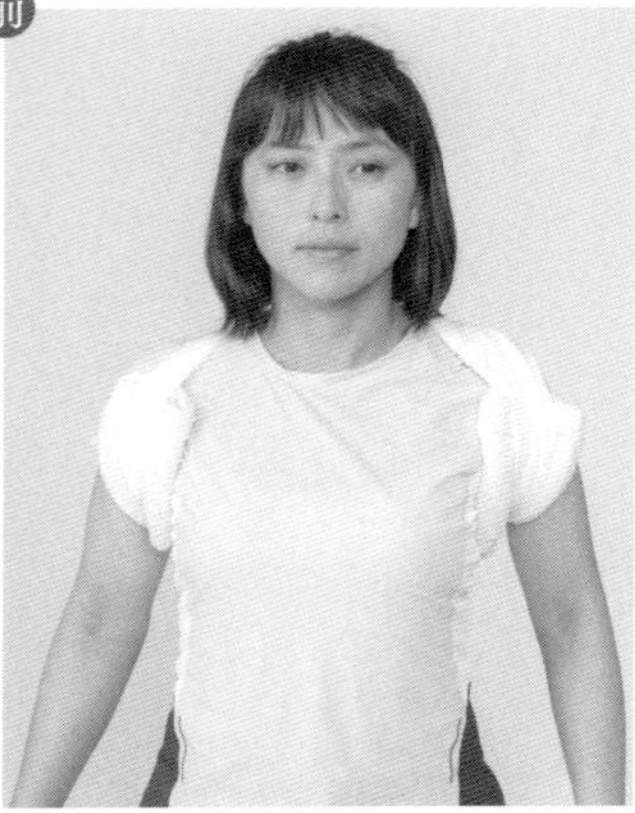

２枚の三角巾を結束し、胸を張った状態の傷病者にたすき掛けにして縛る

後

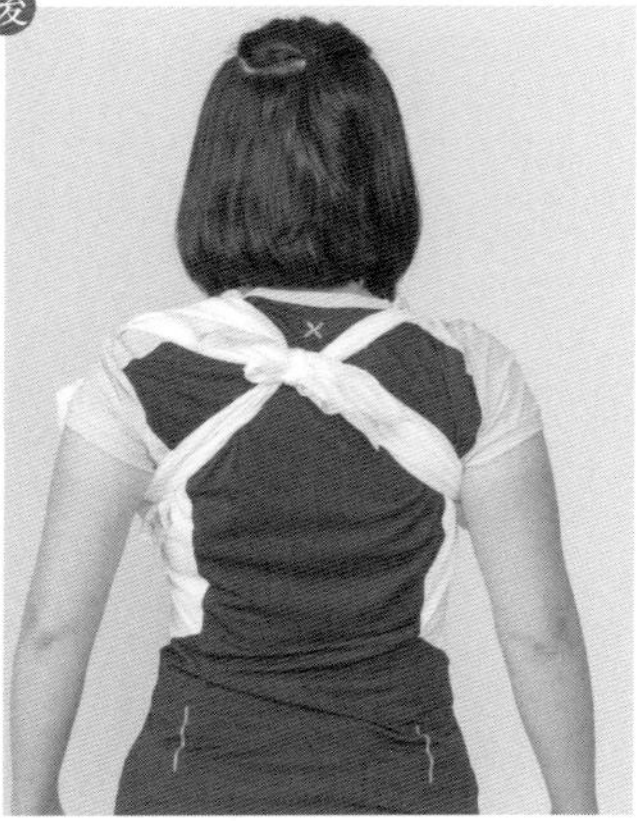

脇の下に集まる神経を圧迫しないようタオルなどを挟む

脚の固定

1

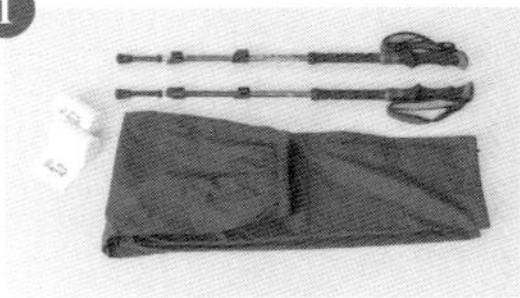

脚の固定にはこの３つを用意する

2

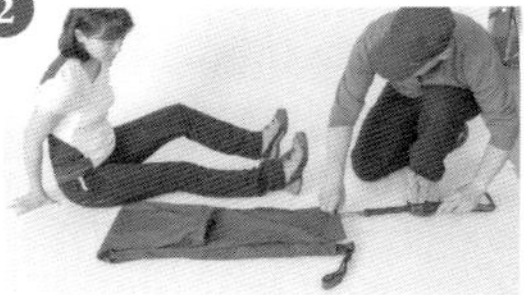

パンツにポール２本を差し入れる

3

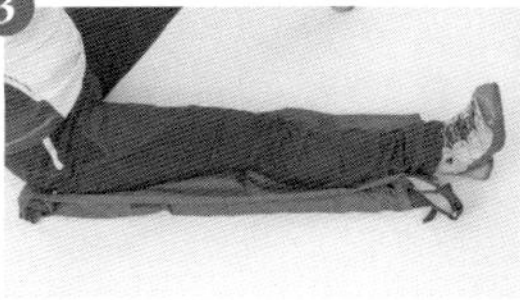

脚の長さに合わせる

4

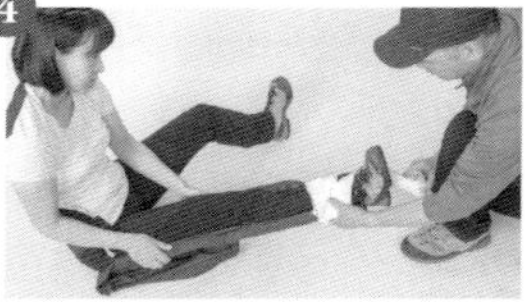

足首からエラスコットで巻く

5

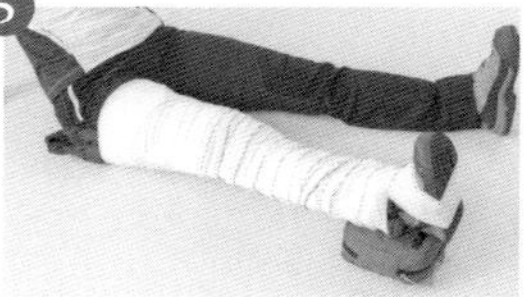

巻き上げて完成

脚の骨折時にはレインウェアのパンツにトレッキングポール2本を差し入れて台座とし、エラスコット2巻で足首から巻き上げる。
鎖骨が折れると、痛くて肩が上がらない。固定するには2本の三角巾を帯状にたたんで結束し、たすき掛けに縛って脇にタオルを入れる。
指の骨折時は、隣の指とテーピングで巻くだけの簡単な方法で、固定効果がある。

指の固定

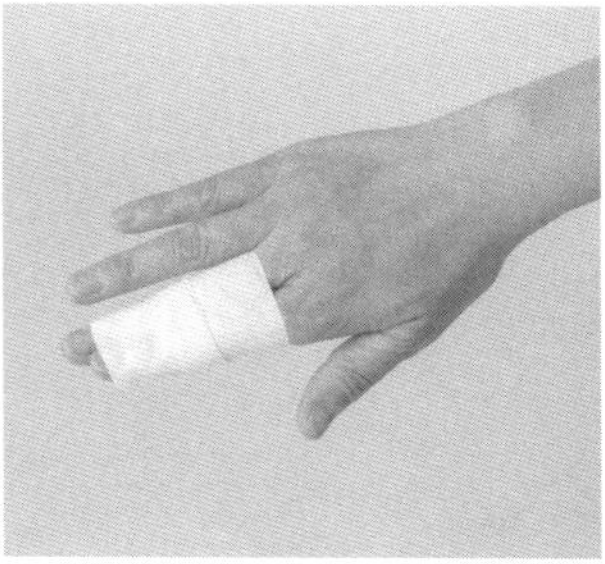

隣の指を固定材料として、2本まとめてテーピングテープで巻く

ここも注目!

開放骨折は緊急度が高い

折れた骨が皮膚を突き破って外に出てしまう開放骨折は、骨の断面から細菌が入り込む可能性が高い。その細菌が繁殖すると、骨髄炎を起こして骨が癒合しなくなってしまうことになり危険だ。

骨髄炎を防ぐには、骨が皮膚を突き破ってから6時間以内に、医療機関で手術を受ける必要がある。したがってケガのなかでも非常に緊急性が高い。自力下山が困難なときはもちろん、歩けても病院に到着するまでに時間がかかるときは、直ちに救助要請をすべき症状だといえる。

応急処置は、周囲を含めて飲料水で徹底的に洗うこと。その後できるだけ清潔なガーゼやタオルを当て、圧迫止血して受傷部位を覆う。あとは無理には動かさず、救助隊の到着を待とう。

高山病

標高の高い山に登ったときに生じる、頭痛、吐き気、めまいなどの体調不良は高山病の初期症状だ。標高2500m以上でなりやすいが、それ以下でも症状が出ることがある。症状が現われるのは、標高の高い場所に到達してから数時間後のことが多い。

高山病かどうかは、自分自身でチェックするのが基本だ。標高の高い山へ向かったら、これらの症状があるか確かめよう。

これらの体調不良は、すでに高山病の初期症状だと考えられる。ただし、それほど苦しみのない程度であれば、誰にでも起こるものであり、すぐに重症化することはない。水分補給をしつつ、深く呼吸をし、無理な動きを避けてしばらく様子を見るうちに、体は環境に順応していく。

ただし、うまく順応できず、初期症状のままで済まずに重症化する場合もある。そうなると激しい頭痛や、繰り返しの嘔吐、回転性のめまいなどの症状が現われる。

高山病は睡眠時に悪化しやすい。グループの場合は、具合のわるい人を一人にはせず、体調のよい人が付き添って様子を観察するようにしよう。

自分自身でチェックする高山病の初期症状

- □頭痛があるか
- □食欲は低下しているか
- □吐き気はあるか
- □めまいがするか
- □顔や手にむくみはあるか

高山病の症状を軽減するには、滞在する標高を下げるしかない。目安としては、500m以上標高を下げると、楽になってくるはずだ。動くことを敬遠して、携帯酸素ボンベを使えばよい、と考えるかもしれないが、使用可能時間があまりにも短くて効果は期待できない。

さらに重症化した高山病では、肺水腫を起こすことがある。このときは息が苦しくて横になることができず（起座呼吸）、顔が青紫（チアノーゼ）になる。また意識がもうろうとし、受け答えができなくなってくると脳浮腫の可能性もある。いずれも発症すると命を落とすことがあり危険だ。これらの症状がはっきりと出て、緊急度が高いと判断したときは救助要請をしよう。

高山病を防ぐために何よりも大切なのは、意識して呼吸をすることだ。特に効果が高いとされる方法に、「口すぼめ呼吸」がある。これは口をすぼめて抵抗をかけながら長く息を吐き、続けて鼻から胸いっぱいに息を吸い込むことで、肺のすみずみまで空気を送り込むことができる呼吸法だ。

また高所では空気中の水分量も少ないため、呼吸によって体の水分が失われることでも体調が悪化する。したがって水分をしっかり取ることも重要だ。標高3000m以上であれば、1日2ℓ以上飲むようにしたい。

さらに登るペースは、体を高所に慣らすようゆっくりと。体力のある人が、体が慣れないうちにどんどん標高を上げてしまい、高山病を悪化させることはとても多い。

登山前の体調管理も重要で、風邪のひき始めや治りかけのときは特に注意しよう。

熱中症

気温が高いときに体の冷却が追いつかず、体温が上昇してしまった状態が熱中症だ。特に気温に加えて湿度も高く、大量に汗をかくと起こりやすい。

熱中症の症状は、発汗で水分が欠乏したことによる頭痛や吐き気、脱力感などから始まる。さらに水分が失われると、脳の血流が少なくなってめまいなどが始まる。また、汗で水分と同時に体内の塩分も失われて、太ももなどの筋肉の痙攣を起こすことも多い。

さらに悪化した場合には、体は熱いにもかかわらず汗が止まる。そしてうまく会話ができなくなり、全身が痙攣したり、意識を失ったりする。悪化すると命を落とす可能性もあるため、非常に危険だ。

自分自身では症状の始まりを、単なる疲労と考えて無理をすることが少なくない。そのため熱中症に気付くのは、ある程度症状が進んでからがほとんどだ。暑くて湿度が高い日は、自分はもちろん、周囲の人も熱中症になっていないか気を配ろう。夏だけでなく、初夏の気温が高い日にも熱中症は多いので要注意だ。

熱中症の症状が出たらすぐに登山を中止し、風通しのよい日陰で休むこと。森林限界を超えた稜線などで日陰がない場合には、折り畳み傘で日差しをさえぎろう。そして、できるだけ衣服は緩めて薄着にし、うちわなどで風を送る。同時に常温の水をかけて皮膚を濡らして、冷やすといい。このときに冷たい水をかけると、血管が縮んで熱を逃がせなくなるので逆効果だ。

そして大切なのは充分な水分摂取。塩分を含む飲料がよく、スポーツドリンクか、なければ薄い塩水を飲ませるとよい。市販されている経口補水液も効果がある。

体を冷やして水分補給をすれば、体調は次第に回復するが、熱中症になったときから応急処置を始めるまでの時間が遅れれば遅れるほど、回復にも時間がかかる。したがってできるだけ早く症状に気付いて、速やかに応急処置をするように心がけたい。

もし水を飲めなかったり、応急処置を行なっても症状がよくならず、意識がもうろうとして受け答えができないようであれば、すぐに救助要請しよう。

熱中症の応急手当ては日陰で休み水分補給すること

行動中の気温が31℃以上になるときは、登山は避けたほうがいい。25℃から30℃の間であれば、熱中症の危険を考えてプランニングする必要がある。できれば暑い時間帯は避けて行動するようにしたい。ウェアは熱を吸収しにくい明るい色の、通気性がある速乾性のものを選び、帽子も必ず着用しよう。

そして行動中は小まめな水分補給が重要だ。喉が渇いた分だけ飲むのでは、発汗量の3分の2程度の水分しか補給できないといわれている。下記の式を参考にして、必要量をしっかり取ろう。

また水分だけを補給していると、汗で塩分が失われた分、体内の電解質バランスが崩れてしまう。塩分の入った飴や、塩タブレットを口にしてナトリウムを補給しよう。

脱水量の計算式

脱水量（mℓ）＝体重（kg）×
行動時間（h）×5（気温25度以上の日は6に変える）

少なくともこの脱水量の70～80％の水分量を行動中に摂取すること。残りは行動の前後で補う

ここも注目！

症状が似ている高山病と熱中症

高山病と熱中症の初期症状は、いずれも頭痛、吐き気、だるさ、フラつきといったもので、よく似ている。高山病特有の初期症状ではむくみがあるので、それである程度は見分けがつくが、暑い日の登りの途中であれば、熱中症のことが多い。

いずれにせよ、大切なのは水分補給になる。どちらか迷ったときは日陰で休みつつ水分補給をして、様子を見よう。

低体温症

人間の体は周囲の温度が変わっても、脳や内臓部の深部体温は37℃台に保たれている。寒さにさらされて体温が奪われ、この温度が35℃以下になってしまう状態が低体温症だ。体温低下によって脳、心臓、筋肉などの機能障害が起こり、最終的には死に至る。

体温を奪う現象は、下に示したとおり放射、蒸発、伝導、対流の4つがある。このなかで最も注意を要するのが風によって熱を奪われる対流で、低体温症による遭難の多くが、強風の吹き荒れる場所で起こっている。

体全体に寒さを感じ、手足の動きが鈍くなって震えが始まると、すでに低体温症の初期症状だ。冬の寒い日にブルブルと震えるのは誰もが経験することであり、軽く考えがちだが、気温の低い悪天候下で、

体から奪われる熱

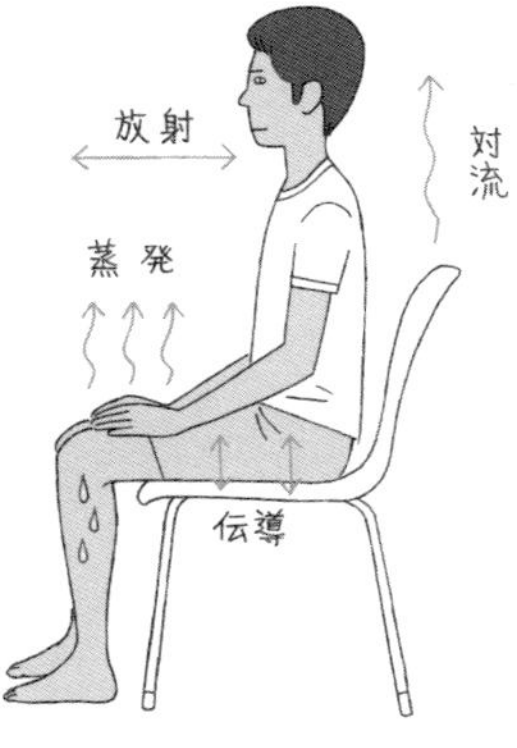

放射：体から直接熱を放出する現象。熱の放射を減らすにはウェアを着る

蒸発：汗が蒸発して熱を奪う現象。

伝導：濡れた衣類などが体に触れて熱を奪う現象

対流：風が体温を下げる現象（風速1mの風があると、温度は実際の気温よりも約1℃低く感じる。気温10℃で風速10mの場合は、体感温度は0℃になる）

ブルブルでは済まずにガタガタと震え続けるような場合には、症状は進んでいると考えるべきだ。

低体温症がさらに進行すると、今度は震えが止まって、歩行時によろめくようになってくる。こうなると、もはや自分自身での対応は難しく、一緒にいる仲間がサポートすることになる。

さらに転倒したり、会話の反応が鈍くなると重症だ。幻聴や幻覚が出たり、意識を消失するようになったら命に関わる状態で、緊急に対処しなければならない。

低体温症に気付いたならば、重症にならないうちに行動を中止して下山するか、山小屋などに避難する。ただし、低体温症では早い段階から判断力の低下や意識障害が起こるため、気付くのが遅れることがとても多い。まだ大丈夫と思っても、震えが止まらなくなったら低体温症だということを、はっきり

体の中心部の温度と症状

	36.5℃	正常
	36℃	体全体に寒さを感じるようになる
	35℃	震えが始まり、手足の動きが鈍くなる。判断力が低下する
ここが限界温度▶	34℃	よろよろとしか歩けなくなり、転倒するようになる。会話の反応が鈍くなり、うわごとを言う。意識も低下してくる
	33℃	歩行困難になり、つねっても反応しなくなる
	30℃	錯乱状態になる
	28℃	昏睡状態。心臓が停止することが多い

認識しておこう。

低体温症への対処法は、まずは風をさえぎって濡れた衣類を交換。敷物を敷いて下からの寒さも防ぐ。レスキューシートがあれば体に巻いて、熱を体に反射させよう。頭部や首の保温も確実に。さらにお湯を入れたペットボトルを首や脇の下などに入れて、体を温める。使い捨てカイロを使うのも有効だ。そしてカロリーのあるものを口にして、自力でも熱を作るようにする。水分補給も大切だ。

低体温症を防ぐには、体を濡らさないことが最も大切となる。ウェアは吸汗速乾性のものを着用しよう。特に肌に直接触れるアンダーウェアは、高機能のものを選びたい。さらにレインウェアは防水透湿素材のものを着用し、風雨による冷えを防ぎつつ、汗による内部からの濡れも軽減する。

また、体のエネルギーがきれないようにすることも大切だ。高カロリーの行動食をこまめに取り、どうしても風雨のなかを行動しなければならない場合は、出発前に多めの炭水化物（ごはん、パンなど）を取ってエネルギーを蓄積しよう。

なお、致命的な低体温症による遭難は、意外にも夏に多い。理由は日常生活の暑さから、防寒着が貧弱になりやすいことが考えられる。さらに、気温は低いものの乾燥している冬の「乾性寒冷」よりも、夏の風雨による「湿性寒冷」のほうが体温を奪うスピードは速い。したがって、症状も急激に悪化する。実は夏こそ、低体温症にはいっそうの用心が必要であり、真夏でもフリースや軽量ダウンなどの防寒具は必携だ。

凍傷

寒いときに人の体は、生存に関わる体の中心部の体温を一定に保つ機能が働くが、その際に中心から離れた手足の血管を絞ってしまう。すると手足の先端には充分な血液が巡らなくなって、指先が冷えてジンジン痛み出す。症状がさらに進むと、指先の血流は止まり、組織に障害が生じてしまう。これが凍傷だ。

凍傷の症状は、組織のダメージの程度で大きく二つに分けられる。一つは組織の表面がダメージを受けた表在性凍傷で、皮膚が赤紫になって腫れ上がったり、水泡が生じた状態だ。もう一つは皮下組織の深部までダメージが及んでいる深部性凍傷で、ダメージは皮下組織や、骨にまで達していることもある。皮膚は黒紫色になっていたり、白蝋化していて、もはや血行がないことは一目瞭然だ。この場合はダメージの重い凍傷部位の切断が必要で、治療には時間がかかる。

凍傷は雪山でなるものだと考えがちだが、春に時期外れの雪に降られたり、秋にもみぞれに打たれたりして、長時間低温の状態にいると症状が出ることがある。このような、季節の境目の登山時には、本来は雪山に対応できる装備を身につけることが必要だ。特に手袋やトレッキングシューズが寒冷や濡れに対応できないタイプのときは非常に危険だ。そのような状態で悪天に遭ったら、下山するか山小屋に避難して、屋外での行動を避けること。

凍傷になった場合は、体温を超えないくらい（37～42℃）のお湯を用意し、患部を30分以上、温浴させる。このとき、途中でお湯の温度が下がらないよう注意しよう。同時に温かい飲み物を充分に取って、体の中からも患部を温める。温浴が終わったら水分をしっかり拭き取って保温をする。

また、水疱ができているときは、その水疱を破ると感染を起こしやすくなるので、決して破ってはならない。患部をガーゼなどで覆い、注意深く処置して下山しよう。

凍傷を負うことの多い部位は、手の指と足の指だ。どちらも心臓から遠く、血管の直径も細いため、寒さで血管が収縮するとさらに血流がわるくなってしまう。防ぐには、寒冷や濡れに対応できる装備を使うことに加えて、体そのものを大きく冷やさないようにすることも大切だ。寒いときにはウェアのレイヤリングシステムのセオリーを忠実に守り、体温を保つようにしよう。

直接、風雨や雪にさらされる頬や耳も凍傷を負いやすいが、顔面は血流がよいので、自然に治ることがほとんどだ。

凍傷の応急処置には温浴

凍傷を負ってしまったら、できるだけ早く温浴をして、血行を再開させるとよい。温度の目安は37～42℃で、30分以上浸けること。気温が低いとすぐに温度が下がるので、継ぎ足しのためのお湯を用意して調整しよう

やけど・日焼け

食事の際に熱湯をこぼしたり、ガスストーブの操作を誤ってやけどを負うことがある。

やけどの重症度は、下に記すように、皮膚の状態と痛みの度合いで判断する。Ⅰ度は皮膚が赤くなってズキズキ痛み、不快だが数日で治る。Ⅱ度の場合はさらに痛みが強いうえ、水疱ができてやっかいだ。Ⅲ度はやけどが深部に及び、壊死を起こした状態。Ⅱ度以上は応急処置をしたら速やかに下山して、医療機関を受診しよう。

やけどを負ったらただちに冷やすことが、やけどの進行を防止する。水道水で冷やすのが患部の洗浄にもなり最適だが、なければ雪渓の雪や濡れたタオルなどで、少なくとも20〜30分は冷やす。コールドスプレーで冷やしたタオルを当てるのも効果的だ。

やけどに有効なコールドスプレー

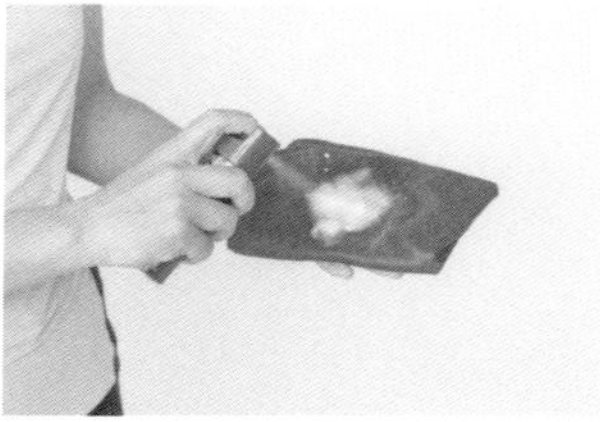

水道のない所でも瞬時に冷却できるコールドスプレーは、登山時のやけどの応急手当てに最適。一度タオルに吹き付けてから、そのタオルで患部を冷やす。患部に直接吹き付けるのは組織にダメージを与えるので絶対に避けること

やけどの重症度

Ⅰ度	日焼けのように皮膚が赤くなる。熱い感じが抜けずヒリヒリする
Ⅱ度	強い痛みがあり、水疱ができる。皮膚は赤くなり、感覚が過敏になる
Ⅲ度	皮膚が白くなり、痛みは感じない

熱湯をこぼした場合にはII度になることが多く、水疱ができる。この水疱が破れると、化膿するので絶対に破ってはいけない。患部全体を三角巾などで覆って保護し、慎重に下山しよう。

日焼けは、長時間日光（紫外線）に当たることにより生じるやけどの一種だ。軽いものはI度で、皮膚が赤くなってヒリヒリする程度であり、通常はやけどと同様に数日で治る。重症の場合は水ぶくれを生じるII度のやけどの症状となり、医療機関での治療が必要だ。また日焼けでは、ダメージを受ける範囲が広いことが多い。その場合は重症度が低くても、全身症状は重くなり、全身の倦怠感や、吐き気などが生じる。

特に危険なのは残雪、雪渓の上を歩くときだ。頭上からの日射だけでなく、雪が反射する光も加わって重症化やすい。紫外線の量が増えるゴールデンウィーク頃から注意が必要だ。

重い日焼けになった場合、まずは冷やすこと。やけどのときと同様に水、雪渓の雪、濡れたタオルなどで冷やす。水疱がある場合は、破らないでガーゼなどで保護しよう。炎症を抑えるステロイド剤を配合した軟膏があれば、それを塗る。

予防するには、日焼け止めクリームをしっかりと塗ることだ。顔だけでなく、耳や首筋の後ろ側まで、直射日光を受ける皮膚にはむらなく塗るようにする。汗や摩擦で落ちてしまうことがあるため、休憩のたびに塗り直そう。また、帽子をかぶったりロングスリーブのウェアを着るなど、肌を露出させることはできるだけ避けよう。

風邪とインフルエンザ

風邪は鼻水、鼻づまり、のどの痛み、せき、たんという初期症状に体のだるさも加わって、間もなく発熱する。多くの人が年に1~2回は罹患する、なじみの病気といえるだろう。基本的には安静にしていれば、1週間から10日間程度で自然治癒する。

インフルエンザは冬に流行することが多く、発症すると高熱とともに頭痛、関節痛、筋肉痛が押し寄せてくる。とても山登りなどできるものではなく、悪化させると肺炎や脳炎を起こすことすらあるので危険だ。罹患した場合は抗インフルエンザ薬の処方を受け、他人へうつすことを避けるために、1週間は外出を控えて自宅療養する必要がある。

登山の直前で風邪の初期症状が出始めたら「たかが風邪くらいで」と考えず、中止すべきだ。体が思うように動かないばかりか、判断力も低下して思わぬミスをすることも考えられるし、標高を上げると症状は悪化する。呼吸機能も落ちているため、高山病にもなりやすい。また、インフルエンザの初期症状も同様であるため、気付かず入山した場合は山中で高熱が出て危険だ。

登山中に風邪の症状が出た場合も、速やかに下山したほうがよい。また市販の風邪薬には眠くなる成分が含まれているので、行動中に服用するのは避けよう。もちろん服用しながら登山を続けることも厳禁だ。

急性腸炎と食中毒

急激な腹痛にはさまざまな原因が考えられるが、山の場合は食事に起因する急性腸炎であることが多く、下痢を伴う。

食中毒の症状も急性腸炎に似ているが、下痢や腹痛に加え熱が出る。里に近い沢の水を加熱せずに飲んだり、自炊の際に食材が傷んでいたりすると、食中毒を起こす危険性がある。生の肉、魚、卵、牛乳などを食材にするときには充分に注意したい。

食中毒の原因の多くはサルモネラ菌、腸炎ビブリオ、カンピロバクターなどの細菌で、夏に多く発症する。もう一つの原因はウイルスで、代表的なものはノロウイルス。冬に発症することが多い。

いずれも症状は激しい腹痛、下痢、嘔吐と、発熱があること。また潜伏期間が長いため、いつの食事が原因かはすぐにはわからないことも多い。発症したらスポーツドリンクを少量ずつ何度も飲んで、脱水を防ぐ。吐き気がひどくて飲むことができず、脱水症状が進む場合は無理をせず救助要請をしよう。

食中毒の原因と潜伏期間

原因	潜伏期間
サルモネラ菌	半日から2日程度
腸炎ビブリオ	10時間から24時間
カンピロバクター	2日から5日
ブドウ球菌	1時間から7時間
ノロウイルス	24時間から48時間

応急処置を行なうのが困難な病気

●脳卒中

登山中に強い頭痛やめまい、吐き気や嘔吐とともに、顔のゆがみ、手足の麻痺、ろれつが回らないなどの症状が出たら脳梗塞、脳出血、くも膜下出血といった脳卒中の可能性が高い。山で行なえる有効な応急処置法はなく、ただちに救助要請をしよう。意識がなくなった場合には気道確保をして安静にし、救助を待つ。

●心疾患

主なものに狭心症と心筋梗塞があり、どちらも突然胸が締め付けられるような強い痛みを感じ、ときには首や肩、腕にまで痛みが広がる。さらに胸部の圧迫感があり、冷や汗が出て吐き気、嘔吐といった症状が数分以上続く。本人が最も楽に感じる体位にし、安静にする。胸の痛みが長引く場合は緊急度が高いので救助要請をする。

●持病の悪化

呼吸器疾患や高血圧、糖尿病といった基礎疾患をもつ人は多いが、環境が厳しく運動負荷が大きい登山ではそれらが悪化する可能性がある。主治医と相談したうえで、慎重に取り組みたい。また、同行者にも持病があること、症状の特徴について伝えておくようにしよう。

虫刺され

ブユやヤブカ、アブに刺されたときは、患部や指を水で洗い、炎症を抑えるステロイド剤を配合した軟膏を塗る。

毛虫のときは、テーピングテープを患部にペタペタと当てて毒の毛針を取り除いてから、同様にステロイド剤配合の軟膏を塗ろう。

虫刺されでも、特に痛みを伴うのはハチに刺されたとき。刺したのがミツバチならば、まずピンセットで針を取り除く。アシナガバチやスズメバチの場合は、針は残らない。

どちらもその後はポイズンリムーバーを使って毒液を吸引する。刺されてから10分以内であれば、数回に渡って根気よく吸引することで、毒素を減量できる可能性がある。

ポイズンリムーバーの使い方

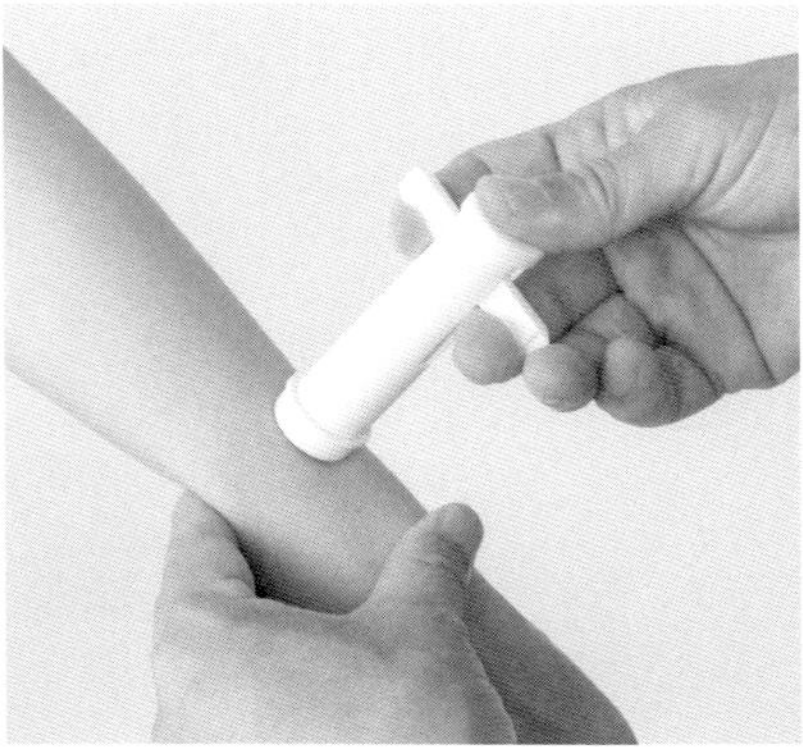

ポイズンリムーバーはバキューム効果を使って、皮膚から毒を吸引する器具だ。使用時には患部の面積に合うよう、マウスピースの大小を選んでシリンダーにセット。ピストンはマウスピース側に寄せた状態で患部に密着させ、その後レバーを操作して吸引する。そのまま60～90秒おくと、患部から毒液が吸引される。スズメバチやアシナガバチに刺されたときは、数回にわたって繰り返そう

靴ずれ・まめ

シューズのサイズが合っていないときや、ソックスがよれていたりすると、靴ずれやまめ（水疱や血疱）が生じることがある。主に足の踵や、親指または小指の側面にできやすい。そのまま行動を続けると痛くて歩けなくなるので、気付いたら早めに処置をしよう。

靴擦れは小さければ絆創膏、大きければガーゼを当てた後、テーピング用テープで患部を覆う。もし傷口があれば、先に消毒液で消毒しよう。

まめは安全ピンの先端をライターで焼いて消毒し、水疱や血疱の皮に穴を開け、中から出た水分をしっかり拭き取った後、消毒液で消毒する。さらにガーゼを当てて、その上から全体をテーピング用テープで大きく覆う。

靴ずれとまめの処置法

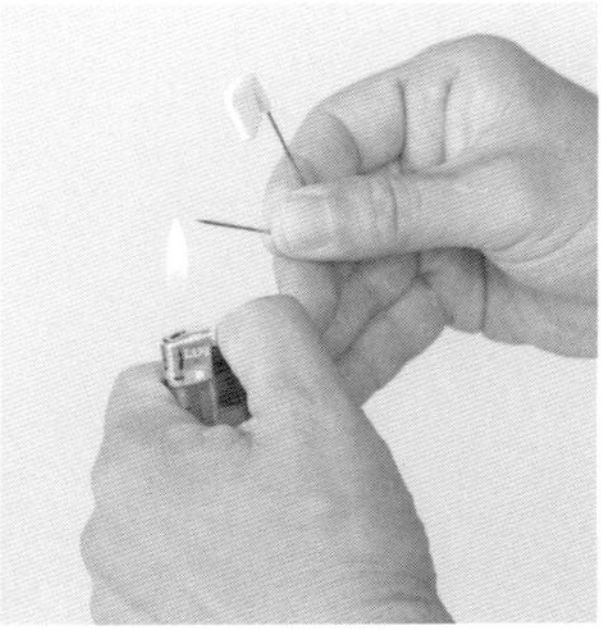

安全ピンでまめの皮を破る前には、ライターで焼いて消毒すること

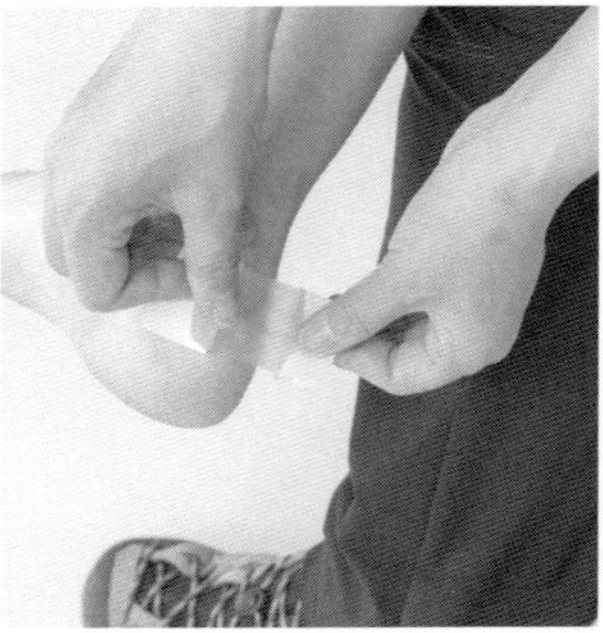

靴ずれは簡単に絆創膏を貼るだけで痛みを感じず歩きやすくなる

足の痙攣

ケガ以外のトラブルで多いのは、ふくらはぎや太ももの痙攣だ。症状は非常につらくて、登山が続行できるか不安になるが、適切に対処して30分ほど休めば、治ることがほとんど。汗をたくさんかいているときや、気温が低いときに大きな段差で脚を高く上げたときになりやすい。

対処方法は、ふくらはぎの場合は手で足指をつかみ、ゆっくりと引っ張るようにして足首を押し込み、ふくらはぎを伸ばす。太ももの場合は足を後ろに上げて、後ろ手で引き上げ大腿四頭筋を伸ばす。これで痛みは和らぐが、すぐ動くとまた痙攣するので10～15分程度休むとよい。

なお、痙攣する原因の多くは、水分不足と、体の電解質のバランスが崩れることだと考えられている。したがって筋肉を伸ばす動作をすると同時に、水と塩分を補給することが必要だ。特に暑い日は、水分を1ℓ程度飲むといい。

漢方薬も効果があるとされるが、それ以上に水分と塩分の補給が大切だ。

大腿四頭筋を伸ばす

片足で立って後手で爪先を引き上げると痛みは軽減する

セルフレスキューのトレーニング方法

この章で記したセルフレスキューの技術は、普段の登山では使うことはなく、身につけにくいものばかりだ。ただし、いずれも大切な技術である。実際にアクシデントに遭遇して、これらの技術がうまくできない、やり方を思い出せないというときには、なぜちゃんと学んでおかなかったのかと、深く後悔するはずだ。

そういった思いをしないためにも日々の山行のなかで、ときどき時間を取ってトレーニング山行をしよう。いずれも一人で行なうのはやや危険なので、2人以上、できれば4人程度集まって、研究するようなつもりで実施するといい。

まず、最初はカモシカ山行。以前、大学山岳部などでやっていたトレーニングで、あえて夜間にヘッドランプを灯して山を歩く。これを経験しておくと、下山遅れのときに心強いが、トレーニングのリスクも大きいので慎重に。コースは事前に明るいときに歩いておいたほうが確実だ。

次はビバーク訓練。山のなかで、ツエルトを使って一夜を過ごすトレーニングだ。1～2回試しておけば、いざというときにビバークすることになっても安心だ。

さらに重い荷物を背負って歩く、ボッカ訓練もやっておくといい。目標は男性30kg、女性20kg。セルフレスキューでは、人を背負うこともあり得る。最近は軽量登山がブームではあるが、万が一に備えて荷物を背負う力は身につけておいたほうがいい。

ファーストエイドは、講習会を受講するのが基本。消防署や日本赤十字社で基礎的な救急救命の講習を行なっているほか、インターネットで検索すれば、登山者向けの講習会の募集も見つかるはずだ。

搬送法も、都道府県岳連などのセルフレスキュー講習を受講することで学べる。

あとはロープワークもぜひ学んでほしいが、これも自己流は厳禁だ。間違った方法を実際の山で使うと、大事故になってしまう。山岳ガイドなどが実施する講習会に参加するか、メンバーが集まるのならば個別の講習を依頼して、正確な方法を基礎から学ぶようにしたい。

ロープワークは講習会などで正確な技術を確実に習得しよう

第4章

救助要請とその後

救助要請が必要なとき——状況を見極めて判断する

救助要請は下山できないときの最後の手段

安全管理を心がけていてもアクシデントに遭遇することはあるし、セルフレスキューを行なったとしても、そのアクシデントに対処しきれない場合もある。本来はアクシデントに遭遇したとしても、自力で乗り切って下山することが、登山の原則ではある。とはいってもケガをしているときに自力下山にこだわると、症状を悪化させてしまう。さらに後遺障害が残ったり、命を落としてしまうような事態は絶対に避けなければいけない。緊急度の高いときや、そうでなくても悪化の可能性があるとき、または自力下山の見込みが少ないときには、無理はせずに救助を要請しよう。

救助要請が必要となる状況として考えられるのは、主に以下の7つだ。

①緊急度が高いケガ　傷病者と接触したらP138のように重症度と緊急度の判断をする。その時点で呼吸がない、脈が止まっている、大出血をしているなど、命の危機が迫っていると判断した場合は、ためらわず直ちに救助要請をする。医療機関に運び込まれるまでの時間が、傷病者の命やその後の回復の度合いを左右することもある。

②重症度の高いケガ　即座に命にかかわらなくても、重症度が高ければ救助要請をする。たとえば大腿骨や骨盤が骨折していたり、骨折箇所が2カ所以上ある場合には、多量の内出血を起こしている可能性があり危険だ。また、折れた骨が皮膚を突き破った開放骨折も、6時間以内の治療が必要であり、救助要請は急ぐ。頭や胸、腹部を強く打ったときも、硬膜外出血や肺挫傷、内蔵破裂の可能性がある。事故直後は平気でも、経過を観察して、次第に症状が現われるのならば救助要請しよう。

③緊急度の高い病気　P176のような脳卒中や心疾患の症状が明らかな場合は、ただちに救助要請をする。またハチに刺されて、P90のような全身症状が出た場合は、アナフィラキシーショックの可能性が高く、速やかな救助要請が必要だ。

④重症度の高い病気　高山病、熱中症、低体温症と

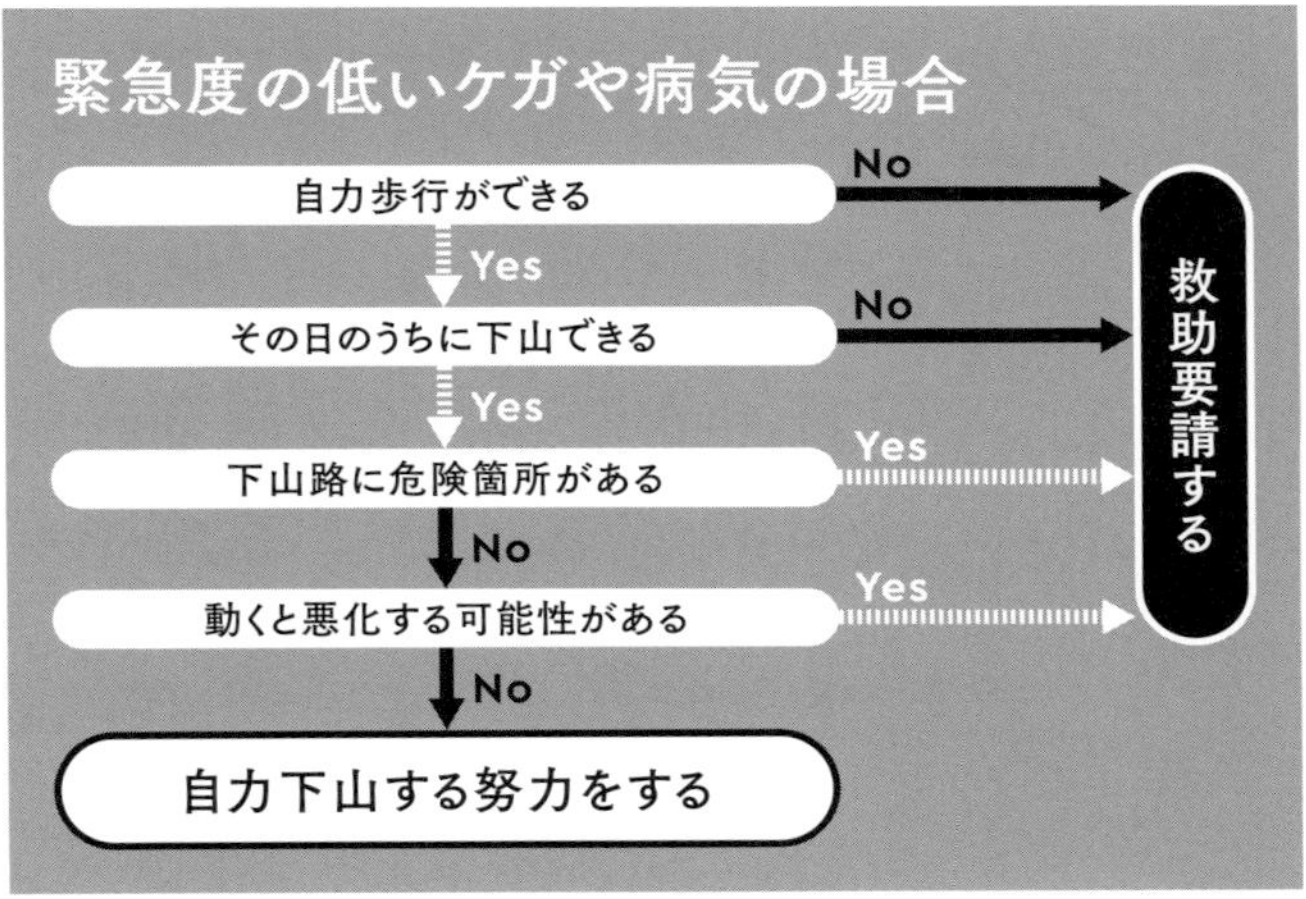

思われる場合は応急手当てをしつつ、経過を観察し、重症化してきた場合はすぐに救助要請をする。

⑤転落・滑落した場所から動けない　ケガはない、または軽傷だが、転落・滑落した場所から動けない場合は救助要請をする。

⑥道迷い　P46のリカバリ法を試し、それでもダメな場合は救助要請もやむを得ないだろう。

⑦悪天候　身動きがとれないときや、体を濡らしてしまい、自分や仲間に深刻な低体温症の症状が出た場合は救助要請をする。しかし、悪天候時はヘリコプターによる救助はできないことがほとんど。地上からの救助隊到着には時間がかかるし、悪天候ではそもそも出動できないことも少なくない。したがって救助要請をしたからといってすぐに助けてもらえるわけではなく、自分たちで緊急事態を乗りきる努力が求められる。

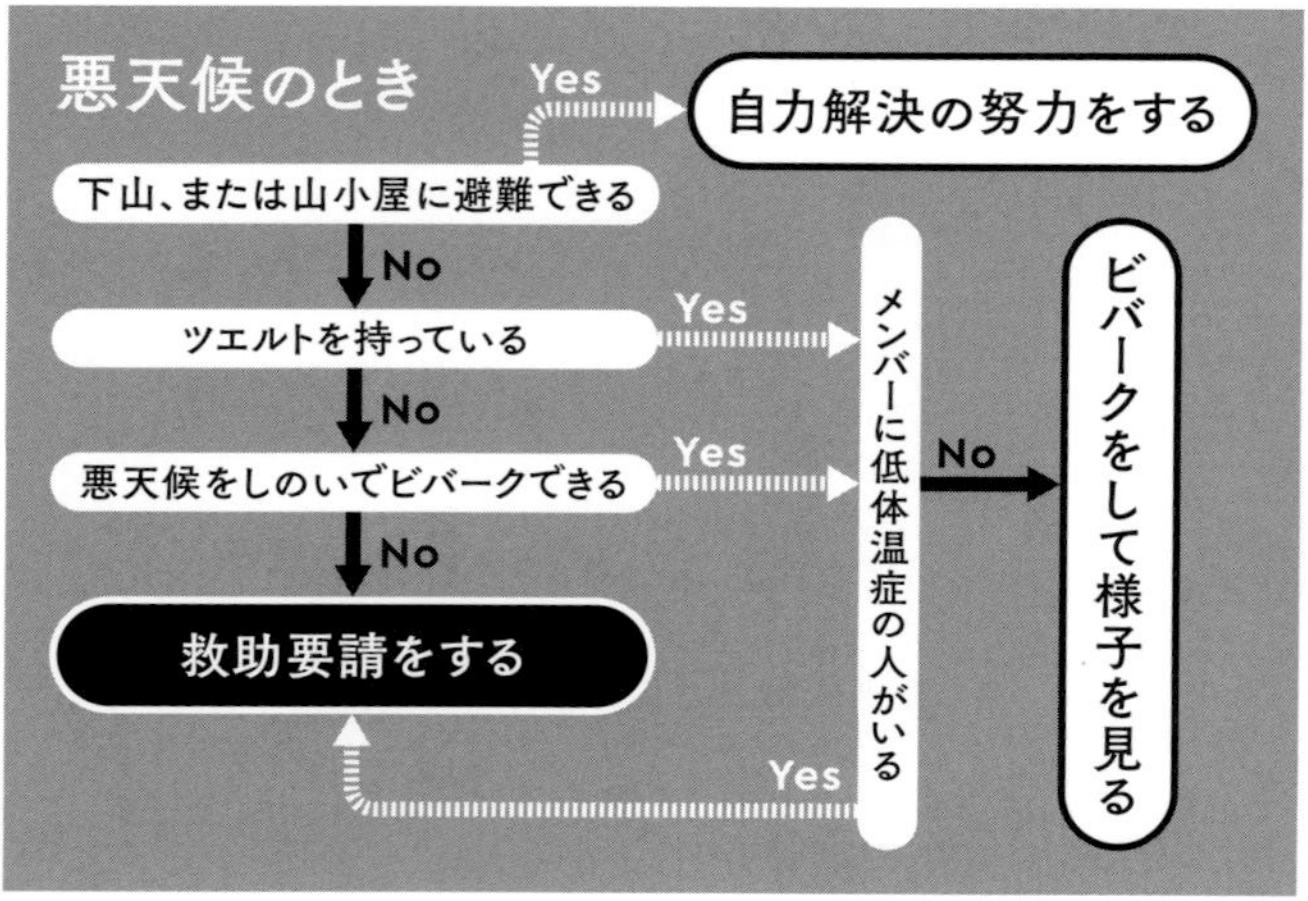

救助要請の判断を迷う場合

予想できないアクシデントも起こり得るので、前項の7つ以外の場合でも、救助要請すべき状況はあるだろう。臨機応変に判断するようにしたい。

一方、近ごろは緊急度、重症度とも低いケガや病気、疲労などで救助要請をする例が増えている。要救助者の年齢や体力、動けないと判断した時間帯、その後の天候にもよるので一概にはいえないが、もしかしたら、もっと自力下山の努力をしてもよかったのではないか？　と思われる例も見られる。

遭難件数の増加は、長期的には社会のなかで、登山者の立場を不利な方向にもっていくはずだ。さらにP193に記すように、救助する側も大きなリスクを抱えている。それらをしっかりと意識したうえで救助要請をするようにしてほしい。

ここも注目!

ザックの雨蓋にAKB!

山の遭難に限らず、救急隊員が傷病者に接触した際に問診を行なう「GUMBA」という方法がある。これはG（原因）、U（訴え）、M（めし）、B（病気）、A（アレルギー）の略。「原因」はどのようにケガや病気をしたのか。「訴え」は本人が最も苦しく感じる症状。「めし」は直前の食事の有無で、嘔吐の可能性などを知るために必要になる。「病気」は持病で、知ることでより的確な処置が可能だ。「アレルギー」の情報も処置するうえで重要だ。傷病者に意識がない場合、原因と食事は同行者がいればわかるし、訴えは症状から推定できる。しかし、病気とアレルギーは、本人でなければわからない。また、持病をもつ人は、薬を服用していることも多いはずだ。そこで、その情報をA（アレルギー）、K（薬）、B（病気）に分けて紙に記入し、濡れないようにザックの雨蓋に入れるようにしよう。そのことを同行者に伝えておけば、緊急時にはその紙を確かめることで、救急隊員に正しい情報を伝えることができる。

救助要請とその注意点——必要な情報を確実に伝える

救助要請の方法

救助要請は携帯電話の通じる所であれば、１１０番に電話して要請をする。そのとき、最初に山でのトラブルであることをはっきり伝えること。すぐに山岳遭難を担当する部署に転送されるか、その部署からのコールバックがあるはずだ。

原因がケガや病気で、そちらの緊急度が高い場合は１１９番への電話でもかまわない。どちらに要請しても、警察と消防（救急）の間で情報は直ちに共有されて、救助体制が整えられていく。

救助要請時には、救助隊が必要とする状況などの質問を受ける。主に次のような内容を聞かれるので、すぐ答えられるようにしておこう。

①場所　スマートフォンには「緊急通報位置通知」機能があり、１１０番、１１９番のいずれでも、通話が接続したと同時に、ＧＰＳ測位情報か基地局情報が自動的に送信される。しかし山では不正確なことも多いため、できるだけ具体的に伝える。

道迷いの場合はめざそうとしていた場所と、最後に確認した場所、そこから迷ったと判断した場所までの所要時間と行動の概要を伝える。さらに、現在地は尾根の上か、沢筋か、樹林のなかかなどの地形の特徴と、上空から見えそうな特徴的な目標物があればそれも伝える。

②発生日時　事故やケガをした、または病気の症状が出た日時を正確に伝える。

③原因と内容　転倒した、滑落した、クマに襲われた、など緊急事態に陥った原因を伝える。滑落、転落を目撃した場合は、だいたいの落ちた距離や、落ちた人が見えるかどうかも伝える。

道迷いの場合は迷ったと判断してから救助要請までの時間、ビバークをした場合はその状況、食料や燃料の有無も伝える。

悪天候の場合は天候が悪化してからの行動概要と時間、ビバークの備えはあるか、食料や燃料の有無も伝える。

④要救助者の人数と氏名　人数は正確に、氏名はわかる範囲で伝える。

⑤要救助者の容態　意識、呼吸、脈・心臓の動きはあるか。出血や外傷、腫れや変形、嘔吐やまひはあるかなど。

⑥現場の天候　視界はよいか、ガスはかかっていないか、風の強さ、雨は降っているかなど。

⑦救助要請者の氏名と連絡手段　本人の場合は要救助者と同じになる。連絡手段は通常は110番にかけた携帯電話。電池の残量も伝える。

⑧ほかのメンバーの状況　パーティの人数と、要救助者以外は行動続行できるかを伝える。

通信手段はアマチュア無線から携帯電話へ

20年ほど前までは、山のなかでの確実な通信手段として主流だったのはアマチュア無線で、多くの登山者が利用していた。しかし、使うにはまず、試験を受けて従事者免許証を取得。さらに無線機を用意してから無線局としての免許状も別途取得する必要がある。手続きが煩雑なうえに費用もかかり、利用者は減っている。現在ではアマチュア無線を使っての救助要請は、ごくわずかだ。

その一方で普及してきたのが、携帯電話(スマートフォン)だ。無線機よりはるかに軽量で、通話以外にできることも無数なほどあり、非常に便利だ。しかし、問題なのは山のなかでの通話エリアが限られること。近郊の山であれば、かなり通じるようになったが、北アルプスや南アルプスなどは、人気の山でも通じない区間は多い。目的の山が通じるかどうかは、携帯各社がインターネットで公開しているサービスエリアマップのほか、毎年12月に発売される『山と溪谷』1月号の付録「山の便利帳」でも判断可能だ。主要登山地情報に記載される全国各地の山小屋でdocomo、au、SoftBankが利用可能かどうかが記されている。

なお、2020年からは第5世代の移動通信システム「5G」のサービスが始まる。大容量のデータを遅延なく送受信できるものだが、基地局が整備されるのは当面は市街地からだ。登山中に5Gの恩恵が受けられるようになるのは、まだしばらく先になると思われる。

携帯電話が通じないときの連絡手段

携帯電話の通話エリア外で事故が発生することもある。警察庁発表の「山岳遭難の概況」によると、2018年も21・6%の登山者が、携帯電話を利用せずになんらかの手段で救助要請をしている。やはり、そういった状況に備えて、どうするかを考えておくことが必要だ。

もし、仲間が3人以上のときはそのうちの1人が、または協力してくれるほかの登山者がいた場合は、その人に救助要請をしてもらうことになる。まずは前のページを参考に、伝えるべき内容をメモ書きにして渡し、必要な状況の説明ができるようにしよう。

要請先は近くの山小屋か、麓に近ければ登山口の施設になる。施設のないような登山口であれば、近くの人家で電話を借りて110番にかける。

このとき、移動中には定期的に携帯電話の電波状況を確認するといい。開けた場所や尾根上に出ると通話可能になることもあるので、その場で救助要請をしよう。

2人パーティのときに、1人がケガや病気で行動できなくなって、周りに誰もいない場合は、動けない仲間にファーストエイドの処置をしてビバーク態勢を作り、水と食料を残したうえで、もう1人が救助要請に向かう。ただし、それも行動可能な時間内に要請ができる見込みがある場合だ。日没が迫っているならば一緒にビバークして、翌朝からの救助要請を考えたほうがよい。

単独で動けないとき

単独で身動きがとれず、連絡方法もないときは極めて深刻だ。まずは体を保温して、ビバークの態勢に入ること。その後は登山者が近くを通りそうなタイミングを見計らい、ホイッスルを吹き鳴らそう。日中は鏡やレスキューシートで光を反射させ、夜にはヘッドランプを点滅させることで、自分の存在を知らせる方法もある。焚き火も匂いが遠くに流れることで、発見されることもある。

あとは携帯電話の通話エリア外でも、メールを送ると届く場合もあるので、家族に救助を求めるメールを送ってみよう。もし、事前に管轄の警察署のメールアドレスがわかっていれば、それを登録しておいて、そちらにも送るとよい。

あとは携帯電話（スマートフォン）にGPSアプ

ここも注目！

活用したいピンチカード

仲間の１人やほかの登山者に救助要請をしてもらうときに、必要事項を書いたメモを渡すにしても、緊急時には慌ててしまって、記入モレがあるかもしれない。さらに悪天候時などは、満足にメモもできない可能性がある。そんなときに活用したいのがピンチカードだ。これはピンチに陥ったときの対処法を簡潔に記した、折りたたんで持参する名刺大の小さなカードで、救助要請時に最低限伝えるべき遭難連絡記入欄と、個人情報の記入欄があり、メモの手間は最小限で確実だ。救助要請に役立つだけでなく、本書に記した内容のダイジェスト版ともいえる最低限度の手順も記されているので、アクシデントに遭遇した際には重宝する。ぜひ用意して、ザックの雨蓋などに入れる習慣をつけてほしい。ピンチカードは山と溪谷社の「日本山岳遺産基金」HP（https://sangakuisan.yamakei.co.jp）で無料ダウンロードできる。

リをインストールしてあれば、その場所の緯度、経度が表示されるはずなのでメモしておこう。その後は電源を切って電池を温存。定期的に電源を入れて、電波状況とメールへの返信がないか確認しつつ、救助を待つことになる。

この場合は、P114で記したように事前に登山計画書を家族に渡しておくことと、登山届として警察に提出しておくことが、無事に救助されるための決め手となる。もし、メールが届かなかったとしても、その登山計画書を元に家族が捜索願を出すことで、捜索活動が始まることが期待できる。とはいえ、なんらかの理由で捜索活動が始まらないという可能性も考慮しておかなければならない。ビバークで最初の一夜をやり過ごした後、特に状況が変わらないと思われたならば、早めにP196に記すサバイバルの体勢に入るべきだ。

ここも注目!

携帯電話の電池は温存する

遭難が起きて幸いにも携帯電話が通じたときは、それで警察に救助要請をすることができる。同時に家族への連絡も、と考えるところだが、それは最小限にとどめておこう。

救助要請をしたらすぐに救助隊が来るわけではなく、現場に到着するまでには時間がかかり、かなりの頻度で警察や、場合によっては消防関係者、救助隊員と連絡を取り合うことになる。

不安を解消しようと家族や知人と話しすぎて、肝心なときに電池切れ、というのも実際にある話だ。救助されるまでは、携帯電話が生命線となる。家族は心配で何度も電話してくるかもしれないが、それはやめてもらうようにしっかり伝えておこう。モバイルバッテリーも、必ず持参するようにしたい。

救助活動が始まるタイミング

救助要請を受けて、ヘリコプターによる救助が最適と判断された場合は、直ちに準備が始まり、警察のヘリコプター（青の機体）、または消防の防災ヘリコプター（赤の機体）が現場めざして飛び立つ。そして上空から捜索し、遭難者を発見すれば、ピックアップする。

遭難者が樹林のなかや沢筋にいる場合は見つけにくく、何度も行ったり来たりを繰り返し、発見までに時間がかかることもある。その場合は次ページに記した方法でヘリコプターに合図を送るほか、携帯電話で連絡を取り合って、目標物などを伝えて誘導する。

ヘリコプター接近時には、ローターから巻き起こされるダウンウォッシュと呼ばれる風がすさまじい。ピックアップが難しいときは上空で長時間ホバリングすることがあるが、風圧でツエルトやウェアなどが舞い上がると危険なので、飛ばされそうなものは事前に片付けておこう。また気温の低いときは耐えられないくらいの寒さになる。待つ場合はしっかりと防寒対策をし、砂塵が目に入らないように注意しよう。

地形によってはどうしてもヘリコプターが接近できず、ピックアップに適した場所への移動を求められることもある。携帯電話への連絡やヘリコプターに乗っている隊員のジェスチャーなどでその旨は伝えられるので、対応しなければいけない。この場合はＰ１３２に記した二次搬送の技術を使って、遭難者を速やかに指定の場所へ運ぶ。

悪天候でヘリコプターが飛べないとき、または上空からの捜索が困難な場合は、地上班の山岳救助隊が出動する。当然ながら歩いて現場に向かうため、かなり時間はかかる。

警察に山岳救助隊がない自治体もある。そういう場合は警察からの依頼を受けて、地元の山岳会などが救助隊の主力になることも多い。だが、山岳会とはいっても、メンバーは一般の社会人であり、仕事をもっている。したがって救助要請を受けたその日は、スケジュールのやり繰りに追われて出発できないことも多い。そうなると実際の救助活動のスタートは、翌日の朝からだ。その場合、最低でも一晩は現場でビバークする必要がある。救助要請をしたからといって、すぐに助けてもらえるとは限らないことを肝に銘じておこう。


ここも注目!

救助する側にもリスクがある

警察や消防、または民間の山岳会による救助活動でも、絶対に避けたいのは救助活動中の隊員の事故、二次遭難だ。したがって、悪天候のときは捜索や救助を見合わせることもある。

また、現在では気象条件が許せばヘリコプターを使っての救助活動が行なわれることがほとんどだ。しかし、ヘリコプターの墜落事故は非常に多い。特に消防防災ヘリコプターは、2009年以降、山岳遭難の救助中、もしくは救助訓練中に、4機も墜落。搭乗していた消防職員などが26人殉職するという、痛ましい状況になっている。

そのようなリスクを多少ながらでも軽減するために、軽微なケガなどで安易に救助要請することは、絶対に避けたい。

発見されるまでとその後——日常生活に戻るためにやるべきこと

発見してもらうためにすべきこと

近づいてくるヘリコプターは、登山者からはすぐにわかるが、ヘリコプター側からは登山者を発見しにくい。上空からでは地面の起伏がとらえにくいうえ、樹林帯では登山者が隠れてしまい発見が遅れる。したがって、傷病者を動かせるときは多少でも開けた場所に移動する努力をしよう。

それでも発見してもらえない場合は、ヘリコプターに向かって合図を送る。レスキューシートや鏡を太陽にかざして反射させたり、カメラのストロボをたく、ヘッドランプを光らせるなどして自分の位置を知らせる工夫をしよう。

また、焚き火をおこすことができるのであれば、あらかじめ火種を用意しておいて、ヘリコプターが近づいたところで落ち葉やスギ、ヒノキの葉を大量にくべると煙が出て発見されやすい。

地上からの救助隊が近くまで来たものの、なかなか発見してもらえないこともある。そのようなときは、まずは音で知らせることを考えよう。相手が近くならば大声を出す。ホイッスルがあればより遠くまで音が届くし、クッカーなどの金物をガンガン打ち鳴らすのもいいだろう。

遭難者発見のためのテクノロジー

現在は遭難者捜索のための、さまざまなテクノロジーが導入されている。

最も普及しているのは（公社）日本山岳ガイド協会が運用する「コンパス」だ。これはオンラインで登山届を共有するもので、登山者が下山しなかったときには自動で家族へ通知が送られる。また、捜索願が提出された際には、警察での登山届のチェックが瞬時に行なえるようになった。

注目されているのは、会員制の捜索システム「ココヘリ」だ。登山者が発信機型の会員証を持ち、遭難時には受信機を搭載したヘリコプターが登山者を探し出して、救助組織へ引き継ぐというもの。行方不明者を減らすための非常に有効なシステムとされて、利用が広まっている。

登山向けアプリ・WEBサービスを提供するYAMAPの「みまもり機能」も興味深い。山行中のGPS位置情報を、家族や友人などに随時通知することを可能にしたもので、電波が届かない場所での位置情報の通知も、スマートフォンのみで可能になっているのが大きな特長だ。

また「全国山の日協議会」ではスマートフォンのアプリを使い、登山者の通過情報を記録する実証実験を始めている。下山が確認できない場合でも通過情報を元にして、捜索をスムーズに進めようというものだ。同様の取り組みはほかにもあり、今後のさらなる進化が期待されている。ドローンの導入を進める会社もあり、今まで以上に細かな範囲の捜索も可能になりつつある。

サバイバル

道迷いの末に滑落、負傷をして、携帯電話も通じないと、万事休すだ。おそらく山での行方不明者は、そういった結果の末に、人知れず力尽きてしまったのだろう。けれども、そのような絶望的な状況のなかを生き抜き、10日以上も経ってから救助された登山者も存在する。それらの人々の証言から、すぐに救助されなかった場合のサバイバルのポイントが伝わってくる。ここでは重要なヒント5つを紹介しよう。

①冷静さ　無事に下山できる可能性が乏しくなってくると、心理的に追い詰められて、パニック状態に陥る人が多いようだ。パニックを起こすと冷静な判断はできなくなり、意味もなく周囲を動き回って体力を無駄に消耗するほか、さらに滑落などをして、もっと状況を悪化させてしまうこともある。一方、助かった人はみな冷静だ。その場でどのように生き延びるかを考えたりするほか、なかにはほかの登山者から発見してもらう確率を高めるために、週末に登山道に復帰することを目標にして滑落場所から這い上がり、その見込みが的中して救助された人もいる。

②水　サバイバル状態に入ってから、最も苦しむのは喉の渇きだという。これは本当に耐え難く、最後は自分の尿を飲んだり、湿ったコケを口に入れたりもするとのこと。自力下山も救助も見込みがないと判断したならば、水を得るために沢に向かうのもやむを得ない。ただし、沢を下るのは行

き詰まる可能性がとても高い。したがって飲料水が確保できたならば、当面はそこを動かずに体力の回復を待つべきだ。

③寒さ 夏の中級山岳であっても、夜から明け方にかけては冷え込む。そのときの寒さもかなりの厳しさだが、晩秋から早春の季節であれば、低山でも氷点下となり、低体温症になってしまう。防ぐには、退避する場所をできるだけ風が吹き抜けない所にして、持参しているウェアをすべて着込むこと。エマージェンシーシートがあれば、さらに保温力は高まる。また、ガスストーブがあれば、ボンベの容量に限りはあるものの、しっかりと暖をとることができる。ライターとテーピングテープがあれば、P126のように焚き火を作ることができて、体を温めることが可能だ。

④飢え 喉の渇きほど過酷ではないようだが、食料が尽きて3日くらいすると、飢えにも苦しめられる。そうなると草の葉っぱや根、コケ、なかにはミミズを口にしたという人もいる。そうならないためには、やはり多めの行動食に加えて、非常食も常に持参すべきだ。そして先が読めない場合には自制心を持ち、それらを小分けにして少量ずつ口にしていくことが生存率を高めるはずだ。また山に生えている植物には毒をもつものも多い。飢えからむやみに口にするのは避けよう。

⑤雨 雨は喉の乾きを癒やしてくれる反面、体や衣類を濡らす。気温の低いときには低体温症の可能性が高まって危険だ。折りたたみ傘で防いだという人もいるが、本来はツエルトを使いたい。ツエルトは防寒にも役立つので日帰り登山でも必携だ。

存在感を増す民間捜索隊

最近は、民間の山岳捜索隊が徐々に存在感を増している。これは長野県などの山岳遭難防止対策協会や、山小屋従業員、または警察の依頼を受けて救助・捜索活動を行なう地元山岳会員とは異なり、事業として、有料で捜索を行なう団体だ。メンバーは団体によって差異があるが、主に山岳医療関係者や山岳ガイド、山岳救助経験者など、それぞれ独自のノウハウをもつ専門家たちによって構成されている。

警察や消防が遭難者を速やかに発見できなかった場合、山全体を隅々まで探すのは非効率的であり、ある程度の位置を推定して捜索を続けることになる。その場合、これまではその山域での事例に基づいて、遭難の多発地点を重点的に捜索することが多かった。ただし、遭難はまったく予期しない場所で起きることも、決して少なくはない。

一方、民間捜索隊は警察や消防とは異なった方法で遭難者の位置を推定することも多い。特にメンバーは、日常的に登山に携わっている人たちだ。より登山者に寄り添った視点に立って、遭難者の行動を解き明かしていくことを試みる。

「山岳遭難捜索チームL.iSS」のように、遭難者のプロファイリングをして捜索を行なう団体もある。プロファイリングとは当事者の性格、生活習慣、性別、年齢、職業などを分析し、そこから行動パターンを類推する手法だ。捜索を依頼すると、まずは家族への聞き取りを行ない、それに基づいてその遭難者特有の行動パターンを推定。警察や消防とは異なる視点での捜索を試みることで、早期発見をめざすという。

ドローンの活用が進んでいるのも、民間捜索隊の特徴だ。警察や消防でもヘリコプターを使って上空からの捜索は行なうが、基本は目視となる。一方、民間捜索隊の活用するドローンは、現状では5㎞くらいまでとなるものの、捜索範囲をくまなく8Kの動画で撮影。そのデータを拡大したり、画像解析することによって遭難者を発見するという。まだ発達途中ではあるが、進化のスピードは非常に早く、これから期待される技術だ。

この登山者の視点に立った位置推定と、積極的なドローンの活用、さらにメンバーの山岳地帯での行動能力の高さも相まって、民間捜索隊による遭難者の早期発見事例は増えている。

民間捜索隊は、これまでは公的機関による初動捜索で遭難者が発見できなかった場合の、長期捜索活動の依頼先というイメージが強かった。しかし、今や民間捜索隊と警察や消防とが連携しての捜索は一般的だ。初動捜索時こそ、民間捜索隊を活用すべきだろう。

登山者はそのことをあらかじめ家族に伝えておくといい。さらに、もし家族や友人が山で行方を絶った場合は、まずは警察や消防に捜索願を出したうえで、別途、民間捜索隊に依頼するのが最善ではないかと思われる。費用などは、次ページを参照してほしい。

捜索と救助の費用

捜索や救助の活動を行なう場合には、費用が発生する。ただし、警察や消防が行なう場合は、一部の例外を除いて、その警察や消防が所属する自治体が負担している。たとえ1分間で約10万円程度のコストがかかるとされる、ヘリコプターを使った場合であってもだ。

例外が埼玉県で、主要山域で防災ヘリコプターが救助のために飛行した場合には、5分ごとに5000円の手数料を支払う必要がある。1回の平均飛行時間は、1時間程度とのことであり、その場合は約6万円を支払うことになる。

また、最近は民間のヘリコプターが救助を行なうことは稀だが、まったくないわけではない。その場合には、数十万から100万円を超える金額の支払いが必要だ。

一方、ヘリコプターではなく地上から救助隊が向かうこともある。その場合、救助隊員は、警察官や消防隊員のみで構成されるとは限らない。連休などで遭難が頻発すると人手が足りなくなるし、自治体によっては、警察や消防の山岳救助のノウハウが乏しい場合もあるからだ。

そういった場合は、警察からの依頼を受けて、地元山岳会などの民間の人が捜索や救助に向かう。その際の各種費用は、要救助者、またはその家族が負担する。費用はまちまちで一概にいえないが、日当や食費、交通費、保険料や装備代などを、出動した人数分支払うことになる。

見つからなかった場合は？

残念ながら救助隊が要救助者を発見できないこともある。捜索開始後、1週間から10日程度が過ぎると、警察関係者と協議のうえ、捜索は打ち切られる。

その後は家族が前ページのような民間捜索隊に依頼して、長期捜索活動に移ることになる。その場合の費用も同様に家族が負担することになり、予算に応じて捜索規模や範囲、方法などを相談して決めていく。

民間捜索隊5人が、3日活動した場合にかかる費用の概算

項目	単価	人数	日数（回数）	小計
隊員日当	¥40,000	5	3	¥600,000
宿泊費	¥10,000	5	2	¥100,000
保険料	¥15,000	5	1	¥75,000
交通費	¥5,000	5	2	¥50,000
昼食代	¥1,000	5	3	¥15,000
消耗装備品	¥150,000	-	-	¥150,000
通信費	¥10,000	-	-	¥10,000
合計				¥1,000,000

※保険料とは、捜索隊員がその都度加入する障害保険料
※消耗装備品とは、ロープやスリング、カラビナなど。捜索時に強い負荷をかけた場合は、以降は使用できずに廃棄することになるため

ここも注目！

行方不明になった人のその後

遭難者が行方不明になった後は、民法第30条により、7年間を経過しなければその人を死亡とみなすことができない。したがってその間は、死亡保険金は下りないし、本人名義の預貯金や金融資産は、家族であっても使うことはできない。その一方で税金のほか、住宅ローンなどの支払いは残る。配偶者の再婚も認められないという。残された家族の苦痛は、多大なものとなる。

山での遭難はゼロにはできず、やむを得ない場合もあるかもしれない。しかし行方不明だけはだめだと、救助関係者は口をそろえて言う。最近はP195で記した、「ココヘリ」やYAMAPの「みまもり機能」のような、行方不明を防ぐためのテクノロジーも発達してきてはいる。しかし、山に向かう者の義務として、システムに頼る以上に自分自身で確実に安全管理を行なって、行方不明になることを防ぐ最大限の努力をしなければいけない。

山岳保険

前ページで説明したとおり、山で遭難して捜索や救助を受けると、数十万円から数百万円の費用が生じる場合がある。それを補償するのが山岳保険で、加入は必須だ。

山岳保険の一番の目的は、救助隊員の人件費やヘリコプターの費用などの補償にある。これは登山内容によって区分されていて、通常の山歩きであれば、「ハイキング保険」の救援者費用で、ロープを使ったクライミングや、ピッケルやアイゼンを使った雪山登山では「登攀保険」の捜索救助補償で補償される。これは山岳保険以外では補償されないものであり、最も重要だ。

さらに、年間を通した長期補償と、1日から数日間に区切った、短期補償の制度もある。山行回数が多ければ、長期補償のほうが割安だ。組み合わせての加入も可能で、たとえば毎月ハイキングをする人が、年に数回雪山に行く場合は、長期のハイキング保険に入っておき、雪山に行く日だけ短期の登攀保険を利用する、といった使い方もできる。

また、一般に山岳保険とされるものには、保険会社による保険制度と、会員間で費用を負担し合う相互扶助制度のものがある。相互扶助制度のほうがシンプルで掛け金は少なめだ。一方、保険制度は、補償や特約の内容が細かく分かれていて、登山スタイルに合わせて選べるというメリットがある。

遭難後にすること ～私の例～

私は登山を始めてすでに30年以上になるが、その間に一度だけ遭難した。それは本書の冒頭でも述べた、2008年ゴールデンウィークの、北アルプス前穂高岳での転落から滑落にいたる一連の事故の結果だった。

そこから自力下山も考えたが、間もなく左の胸が痛んで呼吸困難に。同行者が救助要請し、やってきた長野県警のヘリコプターにピックアップされ、松本市の相澤病院に運び込まれて入院した。診断結果は、肋骨が折れてその断面が肺を突き破る、血気胸だった。

そのまま相澤病院には8日間入院し、手術と治療を行なった。その後は当時住んでいた鳥取県に戻って、自宅近くの山陰労災病院に通院し、治療を継続。完治までには、ほぼ2カ月かかった。

以下に、私がこの事故後に行なったことを簡単にまとめる。遭難した後にすべきことの参考にしてほしい。

費用の支払いと手続き

●長野県警：県警ヘリコプターのみでの救助だったので「捜索・救助費用」の請求はなし。後日、事故証明書を作成してもらった。

●山岳保険：日山協山岳共済金に加入していたが、「捜索・救助費用」の支払い対象ではなく、私は入院補償、通院補償には入っていなかったのでお金のやりとりはなし。簡単な事故報告書のみ送付した。

●相澤病院：退院時に医療費を全額支払い。

●山陰労災病院：通院時に医療費を全額支払い。

●全労済こくみん共済：加入していたこくみん共済に、長野県警の事故証明書を添えて病院の入院費、通院費を請求。全額補償してもらった。

お礼と事故報告書など

ケガが落ち着いた頃、私の不注意での遭難に対して危険なレスキューを行なってくれた長野県警松本署と、つながりにくい携帯電話での救助要請を中継してくれた涸沢ヒュッテにお詫びの手紙を添えてお礼の品を送った。

また、簡単なものではあるが事故報告書を作成し、親しい山の仲間や山岳関係者に事故の経緯を報告するために配った。なお、山中に残した私の装備は、事故の翌日に同行者と、救援に駆けつけてくれた山の仲間に回収してもらった。

あとがき

冒頭に記したとおり、私は前穂高岳での転落、滑落により遭難したことがある。その一方で、2006年から6年間住んだ鳥取県では、鳥取県山岳協会の一員として、警察官と一緒に遭難者の捜索や救助に携わった。また、2010には日本山岳ガイド協会から認定を受けて、登山ガイドとしての活動も行なってきた。

そういった経験があったためか、2014年に『山登りABC 山のエマージェンシー』という本を執筆させていただいた。本書は、その「山登りABC」シリーズのリニューアルに伴い、内容を全面的に見直して、新たに『山の安全管理術』としてまとめたものだ。

『山のエマージェンシー』を書いてからは、各種山岳雑誌やそのほかメディアからの依頼で、遭難予防についてのハウツー記事を執筆する機会が多くなった。特に2016年4月から2017年3月までの1年間は、山と溪谷社のウェブマガジン『週刊ヤマケイ』に、「山岳遭難防止術」という記事を連載した。

ところが、私にとってはこれがプレッシャーだった。山での遭難は、確実にゼロにすることはできない。そしてさらに、遭難防止と題した連載をもつ者が、遭難はもちろんのこと、山で事故を起こすことは許されない……。

そこで、なんとしてでも遭難は避けようと考えた、安全管理の方法が本書の内容だ。基本的には定番とされる山の安全管理法と同じだが、自分の経験に照らし合わせてアレンジした部分も多い。より実践的な内容になっていると思うので、ぜひみなさんの安全登山に役立ててほしい。

なお、本書ではファーストエイドは詳細な手順を解説しているが、そのほかの地図読みやGPSアプリの使い方、天気図の読み方などは概要に触れただけだ。具体的な手順は参考文献として挙げた各書籍や、『山と溪谷』の特集記事なども参照して学んでほしい。なお、セルフレスキューのなかの搬送法とロープワークは、私が監修した『ヤマケイ登山教室　山のリスクマネジメント』(2020年3月刊行予定)に詳しい。こちらも併せてご一読いただければと思う。

重点を置いたファーストエイドの部分は、国際山岳医の千島康稔先生に監修をお願いした。千島先生とは、2年前に松本の小料理店で会ったのが初めてで、その場で意気投合。いつか一緒に本を作りたいと話したのが、実現できてうれしい。その千島先生の指導を受けながら、夏の暑い日に各種撮影を行なった。そこで傷病者役のモデルを務めてくれたのが、山岳ライターの小林千穂さん。本書では編集も担当してもらった。さらにカメラマンの中村英史さん、イラストレーターの村林タカノブさんに加え、全体の進行を行なってくれた山と溪谷社の西村健さん、そのほか多くのみなさんのお力添えによって本書は仕上がった。心からお礼を申し上げたい。

登山ガイド　木元康晴

主な参考文献

●『ヤマケイ新書 山岳遭難は自分ごと』（北島英明著・2017年・山と溪谷社）
●『ヤマケイ新書 もう道に迷わない』（野村 仁著・2015年・山と溪谷社）
●『ヤマケイ新書 山の天気にだまされるな！』（猪熊隆之著・2016年・山と溪谷社）
●『ヤマケイ新書 御嶽山噴火 生還者の証言』（小川さゆり著・2016年・山と溪谷社）
●『人を襲うクマ』（羽根田 治著・2017年・山と溪谷社）
●『人を襲うハチ』（小川原辰雄著・2019年・山と溪谷社）
●『穂高小屋番レスキュー日記』（宮田八郎著・2019年・山と溪谷社）
●『生死を分ける、山の遭難回避術』（羽根田 治著・2017年・誠文堂新光社）
●『すぐそこにある遭難事故』（金 邦夫著・2015年・東京新聞）
●『図解 山の救急法』（金田正樹、伊藤 岳著・2018年・東京新聞）

本書は『山登りABC 山のエマージェンシー』（山と溪谷社）を底本とし、大幅に加筆・修正したものです。

木元康晴（きもと やすはる）

1966年、秋田県生まれ。男鹿半島の寒風山を望む町で少年期を過ごす。上京して間もなく登山を始め、谷川岳や甲斐駒ヶ岳の岩場を中心に活動する。また2006年から6年間鳥取県に住み、伯耆大山での活動のほか、鳥取県山岳協会の一員として山岳救助活動にも協力。ペルーアンデスやアメリカ・カスケード山脈など、海外の山にも足を向けてきた。槍ヶ岳山荘、ヒュッテ大槍での勤務経験もある。著書に『山岳遭難防止術』、共著書に『関東百名山』（いずれも山と溪谷社）がある。日本山岳ガイド協会認定登山ガイド（ステージⅢ）、東京都山岳連盟海外委員。

山のABC　山の安全管理術　YS043

2019年12月5日　初版第1刷発行

著者　木元康晴
発行人　川崎深雪
発行所　株式会社山と溪谷社
〒101-0051 東京都千代田区神田神保町1丁目105番地
https://www.yamakei.co.jp/
■ 乱丁・落丁のお問合せ先
山と溪谷社自動応答サービス　TEL：03-6837-5018
受付時間／10：00-12：00、13：00-17：30（土日、祝日を除く）
■ 内容に関するお問合せ先
山と溪谷社　TEL：03-6744-1900（代表）
■ 書店・取次様からのお問合せ先
山と溪谷社受注センター　TEL：03-6744-1919
FAX：03-6744-1927

印刷・製本　図書印刷株式会社

Printed in Japan ISBN978-4-635-51058-5